個別最適な学びを実現する

AL授業

10の原理・100の原則

堀 裕嗣 著
Hori Hirotsugu

明治図書

まえがき

こんにちは。堀裕嗣（ほり・ひろつぐ）です。

世の中がおかしくなってきていると感じています。Twitterを眺めていると特に感じます。たかが一四〇字の投稿さえまともに読めない。発信者の意図を理解しないままに自らの思い込みによって批判にならない批判を展開する。批判でも批評でもなく、ただ自分の言いたいことを言うために元投稿を利用する。そんな姿勢ばかりが目につきます。

他人を利用する姿勢は二十一世紀に入って、インターネットの普及とともに顕在化し始めました。特に発信が容易になったBlogの登場とともに目に見えて普及したのだと感じています。他人の文章を全文引用したうえで、「なるほど、と思いました」とか「なんか違うな、と感じました」などのひと言を添えて投稿が完成してしまう。他人の意見にリンクを張って、それを受けて自分の見解を展開するということをしない。他人の文章を字数稼ぎに使う。そんな姿勢です。

こうした姿勢は、だれでも簡単に発信できるツールができたことによって、それまでは発信しなかった人、発信できなかった人が発信し始めたことによって、そもそも発信するための作法を知らない人、もっと端的に言うなら発信する資格のない人が発信したために起こった現象です。発信の作法を知っている人と知らない人とでは、当然のことながら数のうえで後者が前者を圧倒します。それが一四〇字という字数でBlogより更に発信を容易にしたTwitterによってこんな状況になってしまったのだろうと感じています。

Blogも Twitterもツールに過ぎません。ツールが悪いのではありません。ツールを活用するための作法を学ばないままに発信する人、ツールを活用するためには発信のための作法を学ぶことが必要なのだということに及びもつかない人、そうした発信する資格のない人が悪いのです。そういう人たちがネット上にあふれたら、そりゃ世の中もおかしくなるよな……と思います。もうコミュニケーションとは言えないような、「自己主張」とさえ言えないような自己のない「自己主張もどき」を投げつけ吐き捨てるような、嘔吐や排泄みたいな言いっ放しが当然の世の中になってしまいました。それはちょうど、週末の朝に場末の繁華街を歩いていて歩道に吐瀉物を見るような、そんな心持ちがします。

しかし、時間は不可逆です。この流れを元に戻すことなどできません。私たちは発信の容易さを手放すことはもはやできないでしょう。とすれば、取り得る手立ては一つだけです。それは、「発信する資格のない人たち」を「発信する資格をもつ人たち」に変えることです。学校教育の使命として、それを大きく意識しなくてはならない時代になったのです。私たちはそう考えなくてはいけません。そしてその目的を達するための、これまた大きなツールが「アクティブ・ラーニング」（以下「ＡＬ」）なのだろうと思うのです。

もう一つ、Twitterを初めとするＳＮＳが顕在化したものがあります。それは匿名性のもとに、「自己承認欲求」を生のままさらけ出すことです。そして、そうした人々に対して、やはり匿名の心無い第三者が「そういうこともあるよ」「そのままでいいんだよ」と無責任に肯定することです。

仕事がうまくいかない、人間関係がうまくいかない、仕事を辞めようと思っている、Twitterにはそうした投稿があふれています。そうした悩みをもつことは自然なことです。しかしこの人たちはほんとうに仕事を辞めたいのでしょうか。いろいろと苦しい思いをしているが故に表現としてはこうしたネガティヴな投稿になってはいますが、本来は「うまく仕事をこなしたい」「楽しくやり甲斐をもって仕事に取り組みたい」という想いの方が強いのではないでしょうか。ネガティヴ投稿はそれらの裏返しなのではないでしょうか。とすれば、「そういうこともあるよ」は良いのですが、「そのままでいいんだよ」はまずいのではないか、私はそう感じるのです。

一九八〇年代、戦後の耐久消費財の普及が飽和しました。国の経済にとって内需拡大の見通しが潰えたのです。それまでは人口増加に伴って、いかなる商品もそれを必要とする人が増えていました。しかし、それが止まったのです。そこで企業が考えたのは、家族をばらばらにすることでした。テレビは一人一台の時代だよ、車は一人一台の時代だよと宣伝し始めたのです。その結果、お父さんは居間で野球中継を、子どもは自分の部屋でゲームや好きなアイドルの映像に興じるということが可能になったわけです。車も夫婦で一台ずつという時代が到来しました。内需は再び拡大したのです。

その結果、子どもから老人まで、すべての人々が「消費者」になっていきました。消費者になるだけなら別に構わないのですが、そこには「消費者精神」というものがついてきました。自分は欲しいものを買っていい、自分は好きなことをしていい、自分はいやな思いをしなくていい、自分は快楽に身を委ねていい、お金さえあればそれが実現できる、そうした精神です。もう家族とのチャンネル争いの時代に戻れるはずもありません。

私は現在の人々が「Twitter上で自己承認欲求を生のままでさらけ出すのは、こうした「消費者精神」のなれの果てだと感じています。お金を払って物を買ううちは良かったのですが、お金を払って時間を買う、お金を払って快適さを買うとなってくると、快適でないものへの耐性が目に見えて減退します。それがとうとう、「消費」ではなく「生産」であるはずの、お金を払うのではなく対価としてお金を貰うはずの「仕事」にまで快適さを求めるようになってしまったのです。そんなことは原理的に不可能です。

おそらく仕事や人間関係がうまくいかなくて退職したいと言っている人たちは、自分が「消費」の場にいるのではなく「生産」の場にいるのだということがわかっていない。自分はお金を払っているのではなくお金を貰おうとしているのだから、快適さは買えないのだということをわかっていない。もしどうしても快適さを得たいと思えば、その快適さは職場での努力によって自ら「創り出す」必要のあるものだということがわかっていない。そうした構造があります。

しかし、時間は不可逆です。この流れを元に戻すことなどできません。とすれば、取り得る手立ては一つだけです。私たちは「生み出す」ことの、「創り出す」ことの楽しさとやり甲斐が、現象的な快適さなどとは比べるべくもないブレイクスルーをもたらすということを知らなくてはならないのです。体験しなくてはならないのです。学校教育の使命として、それを大きく意識しなくてはならない時代が来たのです。そしてその目的を達するためのツールが「ＡＬ」なのです。

ＡＬは活動概念ではなく機能概念である——そう言い続けています。

小集団交流というものは、「活動」させるだけならだれでもできます。その辺のおじさん・おばさん、兄ちゃん・姉ちゃんでもできます。なにも教員免許をもっていなくてはできない作業ではありません。それはちょうど、特に発信の作法を知らなくても、BlogやTwitterを使えるのと同じです。そして「活動」させるだけでも、子どもたちはそれなりに学んでいるような気になります。しかも、楽しみながら学んでいるような気になるから、質《たち》が悪いとも言えます。しかし、ＡＬのキモは「生み出す」ことであり「創り出す」ことにこそあります。他者の意見を尊重し、自分の意見との共通点・相違点を整理するとともに、その違いを越えてだれもが納得できるような高次の見解はないか、アイディアはないかと高みを目指す営みです。そうした体験の積み重ねだけが、人を「生み出すこと」「創り出すこと」の悦びへと誘《いざな》うのです。ＡＬはコミュニケーション作法の学びを機能させ、ブレイクスルーの悦びを機能させるものでなければ、その名に値しないのです。

　これまで『教室ファシリテーション一〇のアイテム・一〇〇のステップ』（学事出版）、『よくわかる学校現場の教育心理学』（明治図書）、『アクティブ・ラーニングの条件』（小学館）とＡＬ関連書籍を上梓してきましたが、いよいよＡＬ授業のつくり方を一〇原理・一〇〇原則として整理するに至りました。本書は原理・原則をまとめようとの性質上、一項目一項目についてどうしても紙幅が限られ、言葉足らずの部分があることを否めません。もう少し詳しく知りたいという場合には、前著三冊とあわせてお読みいただければ幸いです。

Contents

ALの構成 072

ＡＬの技術／リフレクション 150

第一章
ＡＬ授業一〇の原理

1 オーナーシップの原理

小集団で交流する。

小集団で議論する。

さて、何を交流し何を議論するのでしょうか。言うまでもなく、子どもたちが個々の「意見」を交流したり議論したりするわけです。

ところが、意外と多いのが、子どもたちに課題を与えてすぐに交流・議論に入る実践です。子どもたちから見れば、自分の意見もないのに交流しろと言われる。自分の見解も固まっていないのに議論しろと指示される。そういう状況です。

ＡＬ授業は、企業研修の〈ファシリテーション〉をモデルとして考える教師が多いようです。確かに企業研修は〈問い〉が提示された後に、ほとんど間を置かずに交流・議論に入ることが少なくありません。しかし、企業で研修を受ける企業マンたちは、研修を受ける前から商品開発や営業戦略、職場の人間関係について、日常的に問題意識を抱いている人たちです。企業研修はそうした人たちを対象に行われます。だからこそ〈問い〉を発せられて間を置かずに交流・議論に入れるのです。しかも言うまでもないことですが、企業研修は大人の集団で行われます。

一方、子どもたちはどうでしょうか。ＡＬ授業に際して課題を与えられる。その課題内容は子どもたちが日常的に問題意識を抱いているものでしょうか。もちろん、そのＡＬ活動が特別活動で行われていて、「この学級の問題点は何か」「この学級をよりよくしていくにはどうしたら良いか」といった、子どもたちの日常に密接に関係しているものなら、企業研修と同じ機能を果たすかもしれません。しかし、教科の授業、道徳や総合で与えられる課題となると、そのほとんどが日常的に意識していないこと、今日初めて考える内容であることが多いはずです。とすれば、いきなり交流・議論しろというのは、少々無理があるのではないでしょうか。

これまで考えたこともなかった課題。今日初めて知った事柄についての初めて提示される情報。確かに日常の中にあったかもしれないけれど意識して生活してこなかった抽象的な話題。これらに対して「仲間と話すのだから交流できるでしょ」「議論できるでしょ」というのは少々乱暴と言わざるを得ません。おまけに「他者の意見と絡めろ」「できれば高次のレベルに到達しろ」と言われるのですから子どもたちも切ない（笑）。

そう。〈問い〉（＝課題）を与えたら、まず最初にしなければならないのは子どもたちの黙考時間、熟考時間を保障することなのです。その時間で子どもたちが、まずは「自分の意見をもつ」ことが大切なのです。

「交流」とか「議論」とかというものは、参加者の全員が「言いたいこと」「言うべきこと」をもっているから成立するものです。全員が意見をもっているわけではないという状態で交流・議論を始めますと、一般に、いわゆる「声の大きい人」「オレがオレがと前に出る人」「仕切るのが好きな人」といった、外交的で積極的な人がほとんどを決めてしまい、他の人は「その他大勢」になりがちです。大人でもそうなのですから、これを学級の子どもたちで考えれば更に弊害は大きくなるはずです。もちろん、「いきなり交流」「いきなり議論」でもそれに対応できる子どももはいます。二割か三割程度はいるでしょう。学級の四割から五割程度を占める中間層もそれほど困らないかもしれません。しかし、これまた学級の二、三割を占める「おとなしめの子」「黙考・熟考型の子」はどうでしょうか。おそらく積極的な子がリードする交流・議論のペースについて行くことができず、「もういいや。私が意見言わなくても」と傍観者を決め込むことになるのではないでしょうか。その数分から数十分の間、周りと話を合わせてスルーさえしていればすべてが過ぎ去ってくれるのですから。

しかし、これではAL授業は成り立たないのです。ましてや「深い学び」など成立するはずもありません。そもそも小集団の交流も議論も成り立っていないのですから。小集団の交流・議論が最低限成り立つためには、①小集団を構成する全員が課題に対する自分なりの意見をもつ、②小集団を構成する全員が自らの意見を表明する、③それぞれの意見をリストアップして共通点・相違点を明らかにする、④それぞれがどういう経緯でその意見に至ったのかを交流する、少なくとも前提としてこの四つのプロセスが必要です。ここまで来て初めてフリートーク、つまり「交流」や「議論」が始められるのです。

子どもたちに限らず、人は自分の意見がないとき、他人の意見に流されます。逆に自分自身の意見をもっているときには、他の人たちはどう考えているのだろうと気になり始めるものです。この「自分の意見をもつこと」と「他人の意見が気になること」が成立すると、それらを「比較してみたい」「対比してみたい」「対照的に考えてみたい」と思うようになります。ここまで来て初めて課題に対する〈当事者意識〉が生まれるのです。

〈当事者意識〉のことを英語では「センス・オブ・オーナーシップ」（sense of ownership）と言いますが、「交流」や「議論」というものは、参加する個々人がその交流・議論の「オーナー」にならないことには「参加している」とは言えないのです。自分が「オーナーである」と意識できるような意見をもって初めて、自分がその交流・議論の「オーナー」であると意識され、その課題の「オーナー」であるとも意識できるものなのです。「主体的な対話」とはそうしたものではないでしょうか

2 ネガティヴィティの原理

道徳の教科化が始まる以前の、ある道徳授業セミナーでのことです。参加者が四十人ほどのセミナーでしたが、次年度からの道徳教科化に向けて、休日に、しかも安くない参加費を払って集まっている熱心な参加者ばかりでした。

私は講座を次のように始めました。

「今日お集まりのみなさんは『ザ・道徳』とも言えるみなさんですから、みなさんには簡単なことだと思いますが、まずは『道徳』を定義してみてください」

一瞬、会場は静まりかえりました。

「ああ、自分は定義も考えずに『道徳、道徳』と言っていた」

「定義も理解していないのに道徳の授業づくりをしようとしていた」

おそらく参加者は一瞬で、このようなネガティヴな感覚に囚われたのだと思います。それでいて「この問題を解決しないことには自分は道徳の授業ができない」「この問題を解決しないことには自分は前に進めない」「この問題を解決できないようでは自分は道徳を研究する資格がない」というような差し迫った感情に追い込まれたのだろうとも想像します。参加者はため息をつきかねない様子でノートに向かい始めました。なんとか自分なりの「道徳の定義」を創り出そうとだれもがその眼差しが鋭くなっていました。

それから数分が経って、参加者が自分なりの定義を生み出した頃、四人グループでの交流が始まりました。「四人でだれもが納得するような『道徳の定義』を創ってみてください」という指示でしたが、どのグループも「こういう要素も入れなくちゃいけないんじゃないか」「それは例外で定義の中に入れるには無理があるんじゃないか」と熱心に議論し始めました。静かな、それでいて真剣な議論でした。

しかし、十分が経った頃でしょうか。参加者の目が輝き始めます。議論する目の光も大きくなってきています。なかには手を叩いてはじけるグループもあります。会場にも活気が出てきます。どうやら参加者の皆さんは何かを見つけ始めたようでした。

さて、このとき、参加者の中には何が起こっていたのでしょうか。私なりに言葉にしてみると次のようになります。

自分なりに「道徳の定義」を考えてみた。四人向かい合ってそれぞれの見解を聞いてみると、やっぱりそれぞれの見解は大きく違う。どれもがそれなりに大切にしたいものが伝わってくる定義だ。だれもがネガティヴな思いから発祥しているから、自信があるわけではない。だから「道徳」の定義にはどんな要素が必要かという深い思考が生まれる。自分一人では解決できないから交流する必要感が生まれる。それも、強く生まれる。意見交換しているうちに連帯が生まれる。連帯の中で一応の結論が生まれるから最後はポジティヴになれる。そうした構造です。

ＡＬ授業の課題、つまり〈問い〉には二つの要素が必要です。

> ①学習者をネガティヴな状況に追い込むこと
> ②学習者の見解が割れること

「学習者の見解が割れること」は当然としても、①の「ネガティヴな状況に追い込む」というのは意外に思われるかもしれません。しかし、ＡＬ授業というものは冒頭で、学習者に解決すべき「問題」を提示しなければならないのです。人は「解決すべき問題」が目の前に現れるからこそ「解決しよう」とするものです。四人で話し合うとして、それぞれの見解が異なるというだけで「心の底から解決しよう」という意欲が湧くものでしょうか。一般には、「いやいや、あなたはそう思うのかもしれないが僕の見解の方が高次だよ」「いいえ、あなたが何と言おうと私はこう思うの」と思ってしまうのが、実は本当のところなのではないでしょうか。

実はＡＬというものは、目の前に現れた「解決すべき問題」が「一人では解決することが難しい」と感じられたときに初めて起動するものなのです。「一人で解決することが難しい」からこそ、「他者と交流したい」と思うのです。他者と交流する必要感が生まれ、必然性が生まれるのです。この「〈ネガティヴィティ〉に追い込む」ということが意識されていないとしたら、あなたの授業は実はＡＬを起動させられていないのです。他者との交流の必然性を起動させられていないのです。

ＡＬ授業は子どもたちが到達すべき〈答え〉を教師が用意する必要はありません。それを用意してしまい、そこに到達させようとした時点で、ＡＬ授業は失敗します。教師が強引にそこに到達させようとしていることが、雰囲気で子どもたちにも伝わってしまい、子どもたちが「先生の意図」を探ろうとし始めるからです。教師だけでなく、子どもたちにもまだまだ「一斉授業の亡霊」が巣くっていますから。しかし、〈答え〉は用意しなくても、教師が子どもたちを〈ネガティヴな状況〉に追い込み、「ああ、これは一人では解決できない」と〈他者との交流〉に対する「飢餓感」を醸成すれば良いのです。ＡＬ授業の成否は、この「飢餓感」の醸成に成功するか否かにかかっています。むしろこの「飢餓感」さえ醸成すれば、ＡＬ授業は必然的に起動するとさえ言えるのです。

3 タスク・マネジメントの原理

皆さんは「ＡＬ授業の課題」と聞いてどのようなものを想像するでしょうか。もしも理想的な「ＡＬ授業の課題」の条件を幾つか提示しろと言われたら何と答えるでしょうか。本書を読むのをちょっとだけ休んで、考えてみていただきたいのです。

いかがでしょうか。

言うまでもないことですが、「課題の質」について考えるということは、授業そのものを考えることとです。自分はどのような授業を理想と捉えているか。子どもたちにどのような力をつけたいと考えているのか。その力が子どもたちの将来になぜ、どのように必要だと考えているのか。こうしたことを想定していなければどのような課題が良い課題なのかということも思い浮かびません。実はそうした長期的な見通しをもたなければ、「より良い課題とは何か」という問い自体が成り立たないのです。

かく言う私は「ＡＬ授業の課題」の条件を次の四つだと考えています。

⑴答えのない課題

目まぐるしく移り変わる社会を生き抜いていかなければならない子どもたちに対して、

私たち教師が答えの定まった、知識中心の従来型の教育観に止まっていたのでは、子どもたちの将来に「見えない壁」をつくることになりかねない。従来の教育観による教育は、数多の知識を与えるだけでなく、教師は意識せぬままに「どこかに最良の答えがある」「最適解を見つけることが問題解決だ」という狭い世界観をヒドゥン・カリキュラムとして教えていたところがある。ALはそうした世界観へのアンチテーゼの意味をもつ。

(2)複数で交流することにこそ価値をもつ課題

ＡＬ授業は「自分一人で考えた見解よりも、複数で交流することによって高次の見解が得られた」という経験を積み重ねること、それ自体に意義がある。将来、他人の意見を謙虚に受け入れる姿勢、他人の力を借りて自らを高めていく姿勢、自分が困ったときに他人にヘルプを出せる姿勢といった、総じて「他者とつながる姿勢」を子どもたちが身につけるには、ＡＬ授業の課題にもこうした視点が不可欠なのだということである。

(3)子どもの将来に必要とされる課題

例えば、子どもたちが原発問題について考えることなく将来を生きていくことは可能だろうか。例えば、子どもたちが我が国の安全保障問題について考えることなく生きることが可能だろうか。いや、こうした社会問題だけではない。恋愛や結婚について、老人介護について、仕事のやり甲斐について、出世競争について、他人の人生にどこまで介入して良いのかについて……これらを考えることなく生きていくことが可能だろうか。これらはだれもが一度は真剣に悩み、その後、意識するしないはあるにしても人生を賭けて追究していくことになる課題なのではないか。どれもこれも自分の外に最適解などなく、結局は自分で自分なりの最適解をつくるしかない、自分自身で納得できる判断をしていくしかない、そうした問題意識として人生に立ち現れてくる、そういう課題なのである。

(4)一回性を実感させる課題

すべての交流、すべての議論は大袈裟に言えば歴史性を帯びており、必ず一回性の機能をもっている。だからこそ、同じ課題で交流・議論するにしても、メンバーを入れ替えて複数回交流・議論することが奨励されるのであり(例えば「ジグソー」や「ワールド・カフェ」など)、同じメンバーの議論でも時間を隔てて複数回行うことが奨励されるのである。「対話」は生き物である。メンバーが変わればまったく異なった「対話」が形成される。また、人は日々学び、日々成長するから、同じメンバーでも時を隔てればまるで違う「対話」が現出する。このことを教師が深く認識しなければならない。

実はＡＬ型授業の課題にはもう一つ重要な観点があります。

一斉授業の影響でしょうか、教師の中には一時間の授業で「中心課題は一つ」という思い込みがあるようです。補助課題、補助発問で補うことはあるにしても、その一時間を貫く課題は一つの方が良い、ということでしょう。ここからなんとなく一時間いっぱいをかけて交流・議論するダイナミックなＡＬ型授業も課題は一つであるべきだというこだわりに至っているようです。もちろん、私もこのことに特に反対ではありません。

しかし、この考え方に伴って起こるのが、話し合いの仕方や考え方のパターン、注意事項など、交流以前に教師が語らなくてはならないことがあまりにも多くなりすぎ、インストラクションが極端に長くなってしまうという現象です。もちろん子どもたちがＡＬ型授業に慣れてくれればそれでもできないわけではありません。しかし、普通に考えればあまりにも長い説明はそれだけ取りこぼしが多くなるはずです。支援を要する子などはまずついてこられないと考えた方が良いはずです。

こんなことをするくらいなら、交流時間を十分ずつに分けて問いを三つ用意するとか、何か問題点が見つかったときには交流時間の途中でも全体を一度止めて全体指導をするとかした方が良いのではないでしょうか。ワールド・カフェなどは三つのラウンドのそれぞれに問いが用意されているくらいです。先の「ＡＬ課題の四条件」をたった一つの課題で満たすことができるというのは、ものすごく高度なことなのだと捉えましょう。タスク（＝課題）はマネジメントすることこそが重要なのです。

4 リストアップの原理

子どもたち一人ひとりに交流すべき「個人の意見」をもたせることが大切だと冒頭に述べました。個々人が「発言すべき内容」をもっていないのに交流せよというのはナンセンスだからです。このことは何度強調しても強調しすぎるということがないくらいに重要な観点です。しかし、各々が意見をもちさえすれば自動的に交流が始まるのかと言えば、ALはそれほど甘くはありません。子どもたちに意見をもたせたら、まずはそれらの意見を交流メンバーの中で一つ残らずリストアップすることが大切です。

交流には「拡散型」の交流と「収斂型」の交流とがありますが、どちらにしても最初に必要なのは構成メンバーの考えていることがすべて「その場に出る」ということです。それぞれの意見の共通点はどこにあり、相違点はどこにあるのか。それが明らかにならないと「対話」は成立しません。そのためには四人なら四人、六人なら六人の考えていることのすべてが共有される必要があるのです。

こうしたリストアップの過程を経なくても、「交流せよ」と言えば一見それらしい活動は成立します。しかしそこには、声の大きい者や押しの強い者が交流・議論をリードし、おとなしい子、消極的な子は自分の意見があっても引っ込めてしまう傾向があります。職員会議や校内の各種会議で皆さんもそういう体験をしたことが何度も何度もあるはずです。大人でさえそうなのですから、この構造は普遍と見なければならないでしょう。

交流・議論では「対話」が成立しなくてはならないと言われます。「対話」とは端的に言えば、立場の違いを越えて、或いは見解の違いを越えて、それらを融合したりWin-Winの関係を築いたりするということです。決して声の大きい者・押しの強い者がリードして、その他大勢がそれに従うことではありません。とすれば、まずは「立場の違い」「見解の違い」をメンバー間で明らかにするのは当然のことなのです。

しかし、このリストアップが多くの授業で徹底されていない現状があります。インストラクションにおいても、交流をすることにどんな価値があるのか、この課題に取り組むことにどんな価値があるのかばかりが強調され、どのような過程で話し合うべきなのかが軽視されているのです。もちろん子どもたちがAL授業に完全に慣れ、教師があれこれ指示しなくても最初にリストアップできるようになれば良いのですが、私の経験上、子どもたちにそうした過程の大切さが腹落ちし、常にそうした過程を踏めるようになるには中学生でも三ヶ月から半年くらいはかかります。一度は「できるようになった」と思っても、時間がないときや交流の見通しがもてたとき（子どもたちが「この交流はそれほど苦労なく簡単に終わるだろう」と思ってしまったとき）などにはこの過程が軽視されがちです。それは「定着している」とは言えないのです。

かつて「挙手―指名型」の一斉授業が盛んに批判された時期がありました。教師が発問し、一部のできる子たち数名が挙手、教師はその子たちを指名して授業を進める、そんな授業に対してです。しかも教師は挙手した子を指名して教師の意図した答えを言えば「そうですね」と引き取り、意図しない答えが出た場合には「他にはないかな？」と他の発言を促す。子どもたちに起こるのは「教師が何を求めているのか」という教師の意図を探る思考でしかありません。こうした授業は一部のできる子だけを相手にした授業として、一部では「上澄み式授業」などと揶揄されました。

さすがに最近はこうしたあからさまな「上澄み式授業」はほとんど見られなくなりました。それは学校教育界にＡＬ型授業の発想（「協同学習」「ファシリテーション」「学びの共同体」『学び合い』など）が持ち込まれたことと決して無縁ではないはずです。

しかし、ＡＬ授業において、各グループで交流するときに各々の意見がリストアップされることなく、おとなしい子や消極的な子の見解が交流の俎上に上ることなく消えていくのだとしたら、「上澄み式」の「挙手―指名型」一斉授業といったい何が違うというのでしょうか。声の大きい子、押しの強い子、積極的な子、おしゃべり好きな子、ノリの良い子だけが活躍して交流・議論をリードし、その子たちの意図する答えが「グループでまとめた意見」として発表されるのだとすれば、それは教師の意図する答えが出るまで発言者がたらい回しにされる従来型の一斉授業と機能的には変わりないのではないでしょうか。そうした交流活動は、「正しい答え」とされるものの基準が「教師の意図」から「一部の子どもたちの意図」へと移行しただけで、機能的にはそれほどの変化がないのです。子どもたちの中に、或いはグループ（小集団）の中に「対話が成立した」などとはお世辞にも言えません。

繰り返しになりますが、課題を与え、交流・議論が始まったら、まず何より優先しなければならないのは構成メンバーの考えていることのすべてが「その場に出る」ということなのです。そしてそれらの見解の結びつきが整理され、対立点が明確になったとき、初めてＡＬが起動し始めるのです。この過程を経ずして行われる交流や議論には、必ず傍観者が生まれます。遠慮が生まれ、諦感が生まれ、「人任せ」が生まれます。「センス・オブ・オーナーシップ」つまり「当事者意識」のないままに交流・議論が進んでいる……そう感じる子が必ず出ます。

そして、子どもたちにこの〈リストアップ〉の過程が大切だと腹落ちし、絶対に軽視してはいけない過程であると自覚されるには、多くの時間と体験とが必要とされるのです。

5 コーディネイトの原理

交流・議論には二つの方向性があります。一つは「合意形成」、構成メンバー全員が納得するような最適解をつくることを目的とした交流・議論です。もう一つは個の見解の「深化拡充」を目指すものです。グループで意見を一つにまとめることを目的とするのではなく、個々人が他者の意見を参考にしながら自分の見解を深めたり広げたりする交流や議論のことです。

一般に、前者は「合意形成」ですから個々の意見をリストアップした後に整理したり調整したりということが必要ですが、後者にはそうした活動はそれほど必要とされないと考えられています。それぞれが考えていることを発表し、それぞれが必要な情報を取り入れたり取り入れなかったりすれば、自分の見解の「深化拡充」は交流によって成立するだろうというわけです。しかし、私はこれを誤った捉えだと考えています。

例えばディベートを考えてみましょう。

ディベートはある論題に対して賛否に分かれ、賛成派は最後まで賛成派として主張し続け、反対派は同様に反対意見を主張し続けます。この形式が教育界にディベートが導入された当時（実は教育界だけではありませんが）、〈空気〉への同調を旨としつつ、常に全会一致の〈合意形成〉を図る会議を慣習としている日本人にはなかなか受け入れられず、「日本人には向いていない」とか「口先人間をつくるだけだ」といった批判を受けました。

しかし、ディベート本来の目的は、仮に賛否に分かれて主張してみることで、それぞれの見解にどのようなメリット・デメリットがあるかを探り、整理しようとするところにその本質があります。ディベートの議論そのものもジャッジも、言わば仮に取り組んでみる〈ワーク〉なのであり、その本質は事後にその施策を採用すればこうしたメリット・デメリットがあるし、採用しなければこうしたメリット・デメリットがあるのだということを的確に把握することにあるのです。いわばディベートとは「思考実験」なのです。ディベートが「ゲーム」であると盛んに言われるのはそのためです。

個の見解を「深化拡充」させるタイプの交流・議論には、ディベートと同様の構図があります。自分の見解が広く深い次元で確立するためには、「合意形成」型同様、それぞれの意見を整理したり調整したりしながら、何が共通点で何が対立点なのかをしっかりと認識した方が良いのです。とすれば、「合意形成」型だからしっかりと検討し、「深化拡充」型だから検討よりもそれぞれが考えを言うだけでいいということにはならないはずです。教師がそうした甘さをもっていると、子どもたちも次第に「言いっぱなし」の交流へと堕していきます。それではいけません。個の見解を確立するタイプの交流・議論もまた、リストアップの後に「合意形成」を図るのと同様の手立てで検討してみるべきなのです。

さて、個々人が意見をもち、交流が始まってリストアップが終わったら、まずしなければならないのがそれぞれの意見を整理することです。①どこに共通点がありどこに相違点があるのか、②反対方向のことを言っている対立点はないか、③一見異なったことを言っているように見えて質が同じであり高次の語でまとめられるものがないか、逆に④一見同じようなことを言っているように見えて、前提にしている条件が違ったり例外が想定されていなかったり場合分け思考ができていなかったり等によって、分けて考えた方が良いというものがないかといった、さまざまなことが検討される必要があります。

こうした検討を行うためには、子どもたちに「KJ法」を身につけさせるのが一番の近道です。KJ法は一般に「ブレイン・ストーミング」とセットで用いられ、各々から出されたアイディアをグルーピングして整理するとともに、整理されたそれぞれのグループ同士の関係を検討する手法です。実は構成メンバー個々の見解がリストアップされるということは、ブレイン・ストーミングで全員のアイディアがすべて出たのと同じ機能をもっていいます。もちろんブレイン・ストーミングで提出されるアイディアほど多くのアイディアが並ぶわけではありませんが、その機能性は同じです。

「合意形成」型の場合にはまさに合意形成を図るための前提として意見が分類・整理されますし、「深化拡充」型の場合にも、「そうか、自分の考えていたことはそういう意見と同じ質のものだったのか」とか、「いやいや、私の意見はそれと同じにされては困る。それはかくかくしかじか……」というような思考が生まれます。こうした体験を繰り返し、こうした思考に慣れることによってしか、先の①～④のような検討要素に取り組めるようにはならないのです。

ＡＬ授業はある意味で、見解を「コーディネイト」することによって学ぶ授業形態といえます。「合意形成」型が個々人の見解の検討からグループ全体の見解をコーディネイトしようとするのに対して、「深化拡充」型が検討によって個々人が自分自身の当初の見解を改めてコーディネイトしようとするという違いがあるだけです。要は目的が異なるというだけで、必要な思考過程には大きな違いがないのです。

リストアップからＫＪ法へという交流・議論の過程は、提出された見解を検討するのに必要な要素を発見させてくれます。グルーピングは共通点を発見させ、グループ同士の関係の検討は対立点を発見させます。どのグループにも属さない一匹狼的見解が、硬直した全体の方向性をブレイクスルーに導くこともしばしばです。こうした思考さえ働けば、既に「コーディネイト」へと走り出しているとさえ言えるのです。

6 セットアップの原理

「さあ、セットアップだ！」

私が設定の説明を始めるとき、いよいよ交流に入るよというときによく言う言葉です。

ＡＬ授業には多くの場合、〈設定〉があります。〈ロールプレイ〉を行うときはもちろんですが、〈設定〉を施した方がＡＬがより機能するという構造があります。

例えば、「〇〇中学校を改革します。どんな改革をしたら良いと思いますか」と問うよりも、「あなたは校長先生です。〇〇中学校を改革します。どんな改革をしたら良いと思いますか」という設定の方が、教師が子どもたちに考えて欲しかったテーマや論点に近づくはずです。子どもの視点から改革案を考えると、中にはあまりにも現実からかけ離れた実現不可能なアイディア、子どもが自分の特殊性に鑑みず提示するわがままな面のあるアイディアなどが出てくるものです。しかし、「あなたは校長先生です」と規定するだけで、そうした方向性はかなり抑制されます。校長先生は学校をみんなのためによくしようと考えている。子どものことだけではなく、先生方のこと、保護者のこと、地域のことをも考えなくてはならない。自然とそうした前提ができ上がるわけです。

例えば、幾つかの短歌や俳句の完成度をランキングさせたいとしましょう。このとき、「これらの短歌を1位～8位までランキングしなさい」「これらの俳句で一番いいもの、完成度の高いものはどれですか？　また、一番低いものはどれでしょう」と問うても確かに機能はします。しかし、それよりこんな風に問うてみてはいかがでしょうか。

「みなさんは歌人です。しかも日本有数の歌人です。今回、ある文芸誌で新人短歌大賞の審査員をすることになりました。同じように有名な歌人四人で審査をします。この八首が最終選考まで残りました。大賞を一点、次点を二点、佳作を五点選びます」

短歌や俳句の鑑賞の観点、完成度を判断するための観点はさまざまにあるものです。実際にランキングするとなるといろんな観点から検討せねばならず、最後は好みの問題になるということもしばしばです。それでもこれは「公的な判断」なのだという立場に立つことで、つまりはそうした公的な設定を施すことで、子どもたちは「自分の好みでいいや」「まあ、こんなもんだろ」といった甘い感覚が大きく抑制されるのです。なぜ短歌Aが短歌Bより優れているのか、なぜ俳句Cのこの表現は他を圧倒するほどの価値があると判断できるのか、こうした論拠を具体的かつ論理的に考えざるを得なくなります。こうした活動は最後に選評を書かせるととても学びが深くなります。

二つの例でおわかりかと思いますが、〈設定〉を施すことには子どもたちの視点・視座を「公的な立場」に移行させる効果があります。ＡＬ型授業は自分だけでは到達できない高い次元でものを見ることや独り善がりにならないように広い視点でものを見ることを目指して行われるものです。要するに、独善に陥らず他者の意見を参考にして自らの思考を〈メタ認知〉してみようとする営みです。とすれば、課題そのものに〈公共性〉を付与することによって、より高次の、より広い視座に立てるよう促すことはＡＬを機能させるために極めて重要な条件と言えます。

もちろん特殊な設定を施すことなく、子どもたち自身の立場で考え判断して欲しいと思えるテーマはたくさんあります。算数・数学や理科、英語といった教科に見られるＡＬは多くの場合がそのような活動でしょう。しかし、私の経験上、国語や社会、道徳などにおいて「社会とのつながり」を想定して考えて欲しいという場合には、その多くが「公的な立場」に立つ設定を施して子どもたちに「公共性」を意識させた方が良いという場合が多いように感じています。

二十一世紀になった頃から、「他人の気持ちがわからない」「立場を考えて発言できない」「すぐにキレる」といった子ども像が盛んに問題視されるようになりました。国語科で「伝え合う力」が大々的に提唱され、学校教育における「対話」の重要性が指摘されるようになったのにはそのような経緯があります。そして最近ではついに、「バイトテロ」

や「キレる老人」といった、大人の話にまでなってきました。授業論としてのＡＬの導入もこれと決して無縁ではありません。要するに子どもたちに限らず、日本人全体の〈メタ認知能力〉が下がってきているのではないかという不安が巻き起こっているわけです。

「さあ、セットアップだ！」

この言葉はこのような現状において、「さあ、公的に考えてみるよ」「自分を超えるものを想定してみるよ」という意味合いをもっています。もちろん子どもたちにそう説明するわけではありませんが、子どもたちはそれなりに「今日は何になるのかな……」と楽しみにしているようです。

校長先生になってみる。審査員になってみる。兵十になってみる。マイノリティになってみる。被害者や加害者になってみる。裁判員になってみる。ヒロシマやフクシマの住人になってみる。それは自分を超えて「その立場に立ったらどんな風に世界が見えるのか」を想像してみることを意味します。さまざまな立場を想定してみることを意味します。自分には見えない世界があること、そして逆に自分には見えているのにそうした立場の人たちからは見えないこと、言わば、人には「死角」があることを学ぶ。ＡＬ型授業にはこうした機能があります。そうした学習の繰り返しこそが、実は子どもたちの〈メタ認知能力〉を醸成していくのです。

7 ブリーフィング・マネジメントの原理

皆さんは自分の指示や説明が子どもたちにちゃんと伝わっていなくて、子どもたちが混乱してしまったという経験がないでしょうか。或いは、子どもたちが楽しそうに交流しているのをにこにこしながら見ていたのに、途中から子どもたちがヘンな方向に走り出してしまい、よくよく聞いてみると自分の指示・説明を子どもたちが勘違いしていたことがわかった、そんな経験をしたことがないでしょうか。

どちらの場合も、結論としては教師の指導言が悪かったという話になるわけですが、AL授業では、こうしたミスや勘違いが一斉授業に比べて致命的なことになってしまうことが少なくありません。一斉授業ならばこういうことに気づいたとき、すぐに説明し直したりやり直したりすることで対応できますが、AL授業では既に子どもたちが交流に入っています。要するに「子どもたちに任せる時間」に入っているわけです。交流が始まってすぐに気づいたという場合なら別ですが、ある程度交流が始まってから気づいた場合には既に取り返しのつかない時間が経過していることになります。予定の学習が授業時間では終わらないということにもなりがちです。また、子どもたちにしてみれば、せっかく任されて始まった交流・議論が無駄だったということになってしまい、「おいおい、最初からちゃんと言ってくれよ」ということになります。成績上位の子、ＡＬ授業を好きだったり得意としていたりという子ほどその傾向が強くなります。授業構成上の問題から見ても、子どもたちの意欲喚起の面から見てもマイナスが大きいわけです。

私は〈説明〉〈指示〉〈発問〉といった指導言の機能性を操作することを〈ブリーフィング・マネジメント〉と呼んでいます。〈ブリーフィング〉とは「これから発生する事象について、事前に意識合わせをすること」を指しますが、この〈意識の共有化〉〈前提の共通理解〉をどのようにつくっていくかが、一斉授業・ＡＬ授業を問わず授業ではとても大切なことです。これを意識しない授業、この意識の甘い授業はまず間違いなく、「授業がにごる」という状態に陥ります。

〈説明〉〈指示〉〈発問〉は次のように捉えるとわかりやすいと考えています。

【説明】　授業のフレームや、〈指示〉〈発問〉の前提をつくる指導言
【指示】　子どもたちの行動に働きかける指導言
【発問】　子どもたちの思考に働きかける指導言

長く授業づくりの核は「発問研究」だと言われてきました。子どもたちが深く思考するような良い〈発問〉さえ創り出せれば授業は必然的に機能する、その他は枝葉に過ぎない、というわけです。しかし、大西忠治が一般に〈発問〉と呼ばれるものは実は〈説明〉と〈指示〉と〈発問〉とに分かれるのであり、一般的に〈発問〉と呼ばれるものは〈指導言〉と呼ぶべきだと提案しました。しかも、三つの指導言の要素のうち、最も大切なのは〈発問〉ではなく〈説明〉であると喝破しました。一九八〇年代後半のことです（『発問上達法』大西忠治・民衆社・一九八八年四月）。

なるほど〈発問〉のない授業はあり得ますが、〈説明〉や〈指示〉のない授業は考えられません。たとえ授業の中心が「問い」や「課題」であったとしても、その「問い」や「課題」を子どもたちに理解させるにはその意味を「説明する」ことが必要です。また、〈発問〉し、いよいよ子どもたちに思考させる、活動させるという段になったとき、どのように考え、その考えをどのように表出するのか、どのように活動し、その後どうするのかといった〈説明〉が必ず必要になります。私はこの大西忠治の言が教育界の革命的な大発見であり、世紀の大発見であったと捉えています。

しかもこの原理は、時代に求められる授業形態が一斉授業からＡＬ授業に移行するとともにその重要度を増してきています。ＡＬ授業では一斉授業以上に、〈説明〉が授業自体の〈フレーム〉を規定したり、〈発問〉や〈指示〉の前提となったりする指導言になり、〈説明〉なくしては〈発問〉〈指示〉どころか、授業の〈フレームワーク〉自体が揺れてしまう、重要な〈ブリーフィング〉になっているのです。

「なにか質問はありますか?」

「じゃあ、ここまでは確認しますよ」

「取り敢えず今日はこれについてはこう考えることにして進んでいきましょう」

こうした〈ブリーフィング〉を抜きにして授業は成立しません。一斉授業でもこうした確認（＝〈意識の共有化〉〈前提の共通理解〉）が重要と言われているわけですから、子どもたちに多くの時間を預けてしまうＡＬ型授業、子どもたちに多くの時間を任せてしまうＡＬ授業ではその重要性が格段に増すのは考えてみるとあたりまえのことです。

自分の指導言は子どもたちに一度でストンと落ちるほどに明快か。自分の指導言に複数の解釈が生まれる可能性がないか。次の交流を進めるにあたって前提として共有化しなければならない条件は何か。それを全体の場でしっかりと確認しているか。前提条件を曖昧なままに思考し交流しようとしている子がいないか。要するに「自分の指導言がどのように機能しているのか」について、ＡＬ型授業は一斉授業以上に大きな配慮が必要となるということを教師は大きく意識しなくてはならないのです。

8 ハーヴェストの原理

〈教室ファシリテーション〉に取り組み始めて以来、長く〈ハーヴェスト〉に悩んできました。〈ハーヴェスト〉とは「収穫」という意味で、ファシリテーションではそれぞれの小グループでの交流・検討の成果を全体で共有化することを指します。要するに、一般的にはグループ交流を終えた後に全体の前で各グループがプレゼンテーションをする、あれのことです。「私たちのグループではこういう話が出て、その後……」といったような発表を次々にしていくあの時間です。

私も当初、〈グラフィック・ファシリテーション〉（各グループに模造紙やホワイトボードを用意して、各々が自由に書いたり描いたりしながら交流していくファシリテーション形態のこと）をしたうえで、そのグラフィック（模造紙やホワイトボードそのもののこと）をプレゼン・ツールにして発表させる形態を採っていました。全体に提示するツールもあり、交流の過程を説明し、最後に成果や課題を述べる。発表者が話す内容が明確になり、慣れてくると話し方も明快になり、学習効果も高いと感じていました。

しかし、子どもたちがこの手法に慣れてきた頃、ある違和感を抱きました。それは〈プレゼン型ハーヴェスト〉は発表する側にはとても学習効果が高いのですが、どうもそれを聞く側に効果があまり感じられないという違和感でした。発表者が活き活きと発表するのに比して、それを聞く側がなんとなく退屈そうと言いましょうか、他のグループの発表を早く終わってくれないかと感じている、そんな印象なのです。

　考えてみると、それは簡単な構造であり当然のことなのでした。〈教室ファシリテーション〉によるグループ交流は、それが機能すれば機能するほどブレイクスルーが起こります。交流の中で次々に発見が生まれます。それがどのような経緯で発見するに至ったのかという過程にも意識が向きます。結果、〈ハーヴェスト〉における発表者はそうした過程も含めて「話したいこと」をたくさんもっています。自分たちがたったいま発見したことだから人に伝えたくてしょうがない。そういう状態になります。それがハイテンションを生みます。そして発表者はそのテンションのまま発表することになります。

　ところがそれを聞いている側はその発見の過程を知りません。聞いている側から見ると発表者がテンション高く語っている発見というのは、結論としては抽象的な言葉であることが多く、過程を知らなければ「そんなこと知ってるよ」という文言が並びがちです。それを発表者がハイテンションで語ったり発表グループの人たちが内輪ウケ的にやりとりしたりしているのを見ていると、かえって引いてしまうのです。自分だけがウケている笑い話をしゃべっている人の話がまったくおもしろくなく、引いてしまうのと同じ構造です。こうしたことが続くと、だんだんと発表に退屈するという現象が起きます。

もう一つ重要なことがあります。それは、その聞いている側の、退屈しながらプレゼンを聞いている各々のグループもまた「話したい内容」「発表したい内容」をもっているということです。いまハイテンションで発表しているグループ同様、自分たちにも交流においてブレイクスルーが起こっています。成果や課題といった結論だけでなく、それがどうやって得られたかという「過程」まで大きく意識しています。

更には〈ハーヴェスト〉のプレゼンはどうしても発表時間が限られており、ブレイクスルーに至る過程を詳細には語れない、ということも大きいかもしれません。発表者も「過程」と「結論」を比べれば発表内容としては「結論」の方が重要だとわかっていますから、どうしても「抽象的な結論」は語っても、そこに至る「過程」を丁寧に語ることができません。しかも、発表しているグループは自分たちではその「過程」の喜びを共有しており、その経緯自体も共有していますから、どうしても「過程」の話は簡略化されがちです。それが聞いている側には「伝わらない」という現象を起こしがちになります。

このように、それぞれのグループの「自分たちの交流内容は伝えたい」「でも、他のグループはハイテンションすぎて引いてしまう」「そもそもその発表の過程についてよくわからない」という三つが現象され、どうしても聞く側の意欲が削がれてしまうのです。

〈教室ファシリテーション〉に限らず、ＡＬ型学習のほとんどすべてが、学習や発見に至る「過程」のすべてを共有化しているのは小集団グループのメンバーだけ、という特徴をもっています。〈ジグソー学習〉や〈ワールド・カフェ〉など、〈メンバーシャッフル〉をシステム化している学習形態もありますが、それでも個々人にとってはすべてのグループに参加したという体験をもつわけではありません。ここに〈ハーヴェスト〉の、つまりＡＬ型授業の最後の全体交流の難しさがあります。しかも、グループで交流していたときにはあんなに楽しく盛り上がり、次々に発見があったというのに、〈ハーヴェスト〉になった途端にそうした盛り上がりや発見が小さくなり、発表者がハイテンションすぎて引いてしまうとか「過程」の説明がよくわからないとかいうネガティヴ事象が出てきてしまう。これでは、〈ハーヴェスト〉が機能しないのも頷けます。

私は〈ハーヴェスト〉も交流したそのままのグループメンバーで、グラフィックを見ながらおしゃべりをするという〈ギャラリー・トーク〉を頻繁に用いるようになりました。「ああ、このグループはこういう過程からこういう見解を導き出したんだね。僕らと同じだ」「ああ、このグループは僕らが捨てたこのアイディアを採用したみたいだ」などと、ＡＬ型交流の雰囲気をそのまま〈ハーヴェスト〉にも持ち込むことができます。

9 リフレクションの原理

リフレクション――一般に「内省」と訳され、ＡＬ授業に不可欠とされる学習プロセスです。しかし、勘違いしていただきたくないのは、〈リフレクション〉は何もＡＬ授業でのみ機能する学習プロセスではない、ということです。ＡＬ授業に限らず、一斉授業であろうと講義型授業であろうと、〈リフレクション〉は機能します。その授業が活動的であったか受動的であったか、学習形態が講義形式であったか発問指示型であったか調べ学習であったか小集団交流であったか、そうした授業の現象的な側面と、〈リフレクション〉が機能するか否かは実は関係がありません。

私はＡＬを「活動」概念ではなく、「機能」概念であると方々で主張しています。本書でも何度も繰り返してきました。

ＡＬ授業は確かに子どもたちが活発に議論したり交流したりします。子どもたちのそのような姿を見て、教師が一人、自己満悦することもしばしばです。しかし、実はＡＬ授業と銘打って子どもたちの現象的な活発さをつくることは実はそれほど難しいことではありません。休み時間の子どもたちの姿を見ればそれは明らかです。子どもたちは教師が特に腐心しなくても、休み時間には嬉々としておしゃべりに花を咲かすものなのです。しかし多くの場合、そこには「学び」がない。休み時間の彼らの姿は「主体的」であり「対話的」ではありますが、「深い学び」にはなっていないのです。

実はＡＬ型授業に必要とされる「活発さ」は決して現象的な活発さではありません。その機能性、つまりは「学びとしての機能」が活性化することなのです。

皆さんは〈カタルシス〉という言葉をご存知だと思います。一般に「浄化」、或いは「浄化作用」と訳されます。悲恋映画を見て涙があふれ、その涙を流したことで気持ちがスッキリする。暴走族がバイクを猛スピードでぶっ飛ばしてスカッとする。夏休みに海外旅行に出かけてワクワクした非日常を過ごし、日常気分の膿を出して「また頑張ろう」と思う。こうした「スッキリ」や「スカッ」や「ワクワク」にあたるのが「浄化作用」、つまり〈カタルシス〉です。

実は一般にＡＬ授業の典型と目されている小集団交流やワークショップ、ファシリテーション型授業には、必然的に、ここで言う「スッキリ」や「スカッ」や「ワクワク」にあたるような〈カタルシス機能〉をもつことが多いのです。少々口悪く言えば、日常的な一斉授業に比べれば放っておいても〈カタルシス〉であふれます。

しかし、それは決して「学び」でもなければ「発見」でもありません。ましてや「ブレイクスルー」などあるはずがありません。もちろん、涙を流すとスッキリするという自己理解はできるかもしれません。スカッとすると日常が生き生きすることも学べるかもしれません。非日常空間で楽しむことで精神が浄化され、その後一定期間頑張れるということも学べるでしょう。しかしそれを学んだとして、毎日悲恋映画を見続けるのでしょうか。毎晩バイクを飛ばすのでしょうか。海外旅行だって年に一度か二度しか行けないから非日常なのではないでしょうか。年に十二回行ったら一回一回のワクワク感は薄れてしまうに違いありません。毎月海外旅行に行ってしまったら、海外旅行が「非日常」ではなく「日常」になってしまうのだから当然のことです。

そして多くのAL型と称される授業において成立している現象的な活発さは、「学び」や「発見」や「ブレイクスルー」という機能ではなく、〈カタルシス〉という機能しか果たしていないのです。〈カタルシス機能〉を振り返っても、子どもたちからは「友達とたくさん話せて楽しかったです」とか「いっぱいいろんな意見を聞けてなるほどと思いました」とかいった空虚な言葉が出てくるのが関の山です。そしてそれは、実は「映画見ていっぱい泣いちゃって、ほんとスッキリしたの……」とか、「バイクぶっ飛ばしてめっちゃスカッとしたぜ！」とか、「ハワイで綺麗な景色見て、おいしいものいっぱい食べて、ほんとリフレッシュした！」とかいった言葉と同質のものに過ぎないのです。もちろんこれはこれで悪いことではありません。しかしあなたは、こうした思いに「内省」という言葉を与えられるでしょうか。違和感を抱かないでしょうか。

この違和感、つまり現象的な活発さに潜む〈カタルシス機能〉と〈リフレクション機能〉とのズレを感じる感性こそが実は教師にとって本質的な問題なのです。そして「浄化」のみならず、「内省」が自然発生的に生じるような「深い学び」「新たな発見」「ブレイクスルー」といった機能をＡＬ授業でどのように成立させるか、そうした厳しい目を自らの授業に向けることが大切なのだろうと思うのです。

しかし、もちろんすべての授業において「内省」が自発的に生まれるような機能を成立させるのは至難の業です。「至難の業」と言うよりも「ほぼ不可能」と言った方が良いでしょう。それはもしかしたら、神の領域でさえあるのかもしれません。しかし、それが「神の領域」だからと諦めてしまうことと、「神の領域」と知りつつ方向性として常に意識し続けるのとでは、授業実践の質に雲泥の差が生まれます。私たちはこの「雲泥の差」においていて「雲」をつかもうとし続けなければならないのです。そうでないと、「ＡＬ授業の最後はリフレクションね」と形骸化した〈リフレクション活動〉を続けることになったり、ほんとうは〈カタルシス機能〉しか果たしていないのに「子どもたちが盛り上がったからリフレクションが成立している」といった勘違いに陥ってしまいかねないのです。

10 ポートフォリオの原理

突然ですが、読者の皆さんに質問します。

あなたを支えているものは何ですか?

家族でしょうか。それとも恋人や友人でしょうか。或いは学生時代に部活動で辛い思いしながらも努力し続けた、その経験でしょうか。仕事上の辛い時期をなんとか乗り越えた、そんな経験が自分を支えているという方もいらっしゃるかもしれません。しかし、具体的には何を挙げられたとしても、それらを私なりに抽象するなら、それはあなた自身の「成長の物語」であるとだけは言えると思うのです。私たちは「自らが成長してきた」「これまでの成長の要因から見て、いまはこれを選択すべきだ」と考えながら現在《いま》を生きていきます。時にはその「自分の体験的成長の要因」を担当する子どもたちに押しつけようとさえするくらいです。他人に「これは価値あることだ」と押しつけたい衝動に駆られるほどの物語であるわけですから、それが「自分を支える物語」だと言っても差し支えないほどに重要なものと感じているのだということです。

しかし、子どもたち一人ひとりと私たち一人ひとりとは違う人間です。人間は多様であり、それは教師も子どもも違いありません。自分がどれだけ確信を抱いていたとしても、その具体的な経験の価値を子どもたちに押しつけて良いはずはないのです。しかし、人間を支えているのが「自らの成長の物語」であるという点についてだけは、ほぼ間違いのない普遍構造と捉えて良いのではないでしょうか。

もう一つ考えていただきたいことがあります。その「自らの成長の物語」はどのくらいの時間をかけて形成されてきたものでしょうか。おそらくは長い時間をかけて形成されてきたのではないでしょうか。決して、「昨夜、突如気づいた」とか、「学生時代に恩師に教えられた」とか、「何年何月何日のあの経験によって目が見開かれた」とかいったものではないはずなのです。長い年月をかけてさまざまな経験を重ねた結果として、自分の毎日を支えるほどの自分自身の真ん中にある大切な同伴者となってきたのです。

こう考えてくると、実はＡＬ授業の究極の目的は、子どもたち一人ひとりに「自らの成長の物語」をつくらせてあげることなのではないか。それはおこがましいにしても、少なくともその手助けをすることなのではないか。そして私たちには子どもたち一人ひとりが「自らの成長の物語」を創り上げていくことに資する授業をつくることが求められているのではないか。私はそう思うのです。

例えば、一時間のＡＬ授業において最後に〈リフレクション〉の時間を設けて振り返るとしましょう。このとき、その一時間で「学び」や「発見」や「ブレイクスルー」が成立していたとしましょう。しかし、〈リフレクション〉とはその「学び」の内容そのものを振り返り検討することではありません。「発見」の内容そのもの、「ブレイクスルー」の内容そのものを振り返り検討することでもありません。〈リフレクション機能〉とはその学びが成立する以前の自分と以後の自分、その発見の前後の自分、そのブレイクスルーの前後の自分を比較しながら、「なぜ、その学びや発見やブレイクスルーが自らにとって有意義であり有益であり有効であったのか」を検討する営みなのです。そしてそれ以前の自分はその新しい世界、新しい世界観になぜ気づかなかったのか、なぜ気づけなかったのかを省みる試みなのです。そしてできれば、この構造と同じ構造で、自分の思い込みやバイアスによってまだまだ気づいていない、気づけていない世界があるのではないかと、「未来志向で考えられる構え」をもつための試みなのです。要するに〈リフレクション〉とは、過去・現在・未来の連続した時間軸の中に、いまこの現在の「学び」「発見」「ブレイクスルー」を経験した自分を位置づけてみる、ということなのです。そこにこそ本質がありま す。

ということは、毎日毎時間「深い学び」や「新たな発見」や「ブレイクスルー」を成立させることは不可能だとしても、日常的な「浅い学び」や「ちょっとした気づき」や「些細な驚き」を集積していくことは可能なのではないでしょうか。それが例えば十時間分たまったらどうでしょう。一ヶ月分たまったらどうでしょう。それが三ヶ月分たまったらどうでしょう。それは一時間のＡＬ授業で成立した「深い学び」「新たな発見」「ブレイクスルー」に優るとも劣らない、いや実は一時間の授業で成立したものなどとは比較にならないほどに大きく、質の高い「深い学びの種」「新たな発見の種」「ブレイクスルーの種」にならないでしょうか。だってそれは、長い時間をかけて子どもたち一人ひとりが、小さいとはいえ学んだり気づいたり驚いたりしたことの集積なのですから。

　要するに、私があなたに問いかけたいのは、そうした日常の授業における「浅い学び」や「ちょっとした気づき」や「些細な驚き」をノートやワークシートに記録させていますか？ということなのです。授業の自己評価でもいいし、毎時間の学習感想文でもいいし、振り返りジャーナルでもいいし、毎時間課題に即した短作文を書かせるでもいい。その記録が十時間、一ヶ月、三ヶ月という単位で集積されたとき、それは子どもたち一人ひとりのリフレクションにとって「宝の山」として機能するのです。

　毎日毎時間、元ポートフォリオを集積させる。数ヶ月に一度、少なくとも学期に一度程度はそのポートフォリオを通して振り返ることで〈凝縮ポートフォリオ〉化させる。ＡＬ型授業はこうした「自らの成長の物語」に資するものであるべきなのです。

第二章

ＡＬ授業一〇〇の原則

ＡＬの目的

ＡＬ授業の必要性が叫ばれるようになって、十年が過ぎようとしています。「協同学習」や「ワークショップ型授業」、「ディベート」や「ファシリテーション」等、ＡＬに含まれると考えられる活動型授業が提案されてからを考えると、ＡＬはこの国で既に三十年にわたって取り組まれてきたとも言えるほどです。

しかし、ＡＬ授業は、これほどの長きにわたってさまざまに実践されてきているというのに、その「目的」はいまだに曖昧であるように思います。ちょうど、かつての国語科実践や社会科実践がそうであったように、ＡＬ実践も諸派乱立の様相を呈し、それぞれがそれぞれにＡＬ理

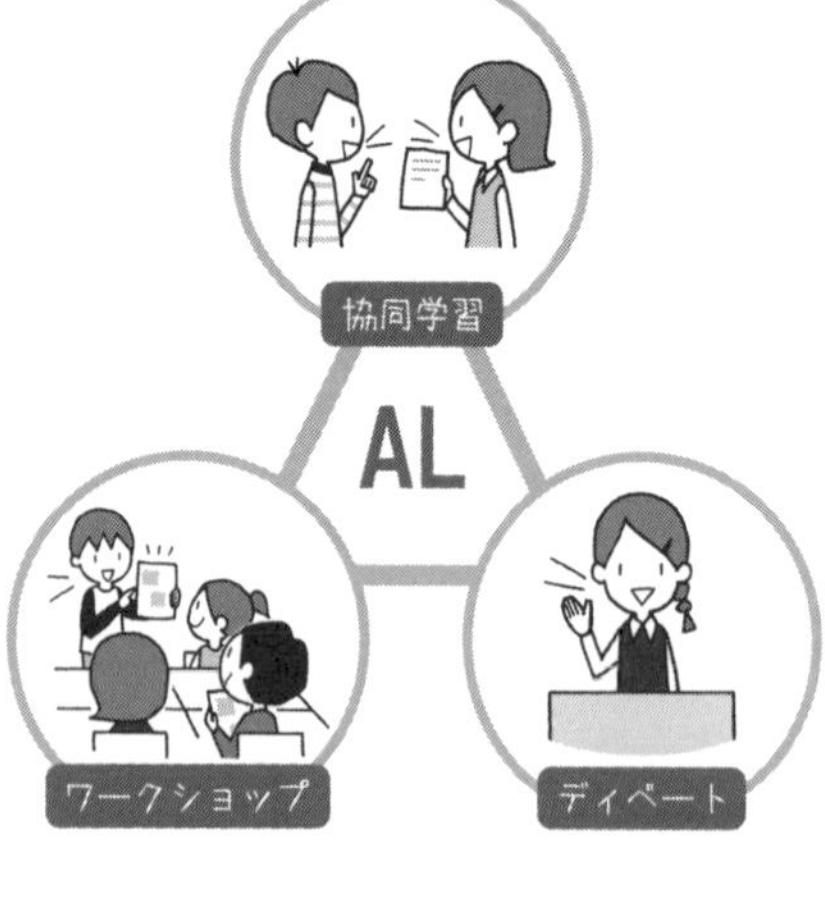

念を利用しているようにさえ見えることがあります。

ＡＬ授業の目的は、決して一つではありません。ここでは、ＡＬ授業の「目的」を整理し、我々教師がどのような目的をもって実践に取り組んでいけば良いのかということを、現実的に考えてみることにしましょう。そうすることで、一つ一つの授業を構想するときに、「今日はこの目的に重きを置いてみよう」「今日は別のこちらの目的に重きを置こう」「今日はこれまでの成果を測るために、この目的もこの目的も子どもたちに課してみよう」といった、使い分けができるようになるのです。

ＡＬの目的

1　ＡＬ授業には六つの目的がある
2　ＡＬ授業は教科書学力を形成する
3　ＡＬ授業は答えのない課題を追究させる
4　ＡＬ授業は答えのない課題を追究する「構え」をつくる
5　ＡＬ授業は良き人間関係を醸成する
6　ＡＬ授業はコミュニケーション能力を育成する
7　ＡＬ授業は将来の人間関係構築力を育成する
8　ＡＬ授業の目的には二つの方向性がある
9　ＡＬ授業の課題はバランスが必要である
10　ＡＬ授業には対立を前提とした思考も必要である

1 ＡＬ授業には六つの目的がある

ＡＬ授業に一所懸命に取り組んでいる先生方を見ていると、〈目的〉を曖昧なままなんとなく実践している方が少なくないように思えます。ＡＬ授業が「これからの時代」に必要だから……といった程度の思いは抱いているものの、それ以上に細かく考えるということをしていないのです。

ＡＬ授業は概ね、次の六つの〈目的〉で論じられることが多いようです。

①学力形成（教科書学力の形成／一般的には「答え」がある）を目的としたもの
②答えのない課題を追究することを目的としたもの
③答えのない課題を追究する構えをつくることを目的としたもの
④学級集団（或いは学年集団・異学年集団等、学校の集団）の人間関係を醸成することを目的としたもの
⑤コミュニケーション能力の育成に培うことを目的としたもの
⑥将来の人間関係構築力、人間関係調整力の育成に培うことを目的としたもの

意識の高い方々のＡＬ授業はこれらのうちの一つ、或いはこれらのうちの複数の項目を融合してその〈目的〉としているようです。

2 ＡＬ授業は教科書学力を形成する

「教科書学力」という言い方があります。従来から一斉授業が培おうとしている学力です。多くの学力向上論も、基本的には教科書学力を形成することを「学力向上」と捉えています。確かに現在の教科書は、従来の教科書に比べて「資質・能力」や「キー・コンピテンシー」の概念を念頭に置かれて作られてはいますが、まだまだ従来の系統主義的学力観に基づいた教養主義的学力の育成の傾向を色濃くもっています。

ＡＬ授業がこうした「教科書学力」を活動を通じて楽しく学ぶためにあるものだと捉えている方は少なくありません。一方、ＡＬ授業は「答えのない課題」を追究させるものであって、「教科書学力」のような答えに到達させるために用いるのはＡＬをわかっていないと批判する向きもあります。しかし、どちらも一方的と言わねばなりません。ＡＬ授業は従来の一斉授業に比して「教科書学力の形成」にも相応しい授業形態ですし、また逆に、「教科書学力の形成」だけに〈目的〉を焦点化してしまうのもＡＬ授業の特質から言って「もったいない話」であると言えましょう。いずれにしても、子どもから見れば、「教科書学力」を教え込まれるよりも交流や議論によって学んだ方が有意義なわけですから、「教科書学力の形成」を否定するのは間違っていると思います。

3 ＡＬ授業は答えのない課題を追究させる

一斉授業は端的に言えば、知識・技術を効率的に伝達・伝授することを目的に行われる授業形態です。効率を重んじる授業形態ですから、子どもたちにも無意識的に「伝達してくれ」「伝授してくれ」という心持ち、要するに「教えてもらおう」という構えが形成されます。その意味で、長年にわたって一斉授業に慣らされた子どもたちは、どうしても受動的になり、「正しい答えというものがあるのだ」と考えがちになります。

その点、ＡＬ授業は子どもたちから見ても、自分たちで議論・交流することによって自分たちなりの答えを獲得しよう、発見しようとする営みです。一斉授業に比べて格段に「答えのない課題を追究する」には適した授業形態と言えるでしょう。ＡＬ授業では多くの場合、自分たちなりの現時点での解答が獲得されれば、子どもたちに満足感が生まれます。これが一斉授業だと、答えが曖昧だったり幾つかの選択肢から自分なりに選択すれば良いという結論だったりすると、子どもたちに不満が残ります。

こうした観点に鑑みて、ＡＬ授業は「教科書学力」の形成に止まるのではなく、教師はやはり「答えのない課題」「応用発展的な課題」をも扱い、それらを追究する醍醐味を子どもたちに体験させることを大きく意識すべきです。

4 AL授業は答えのない課題を追究する「構え」をつくる

学校教育の教育内容が、学校教育に閉じられていては意味がありません。教育の目標は「自立」であって、決して個々人が学校教育の中で力を発揮したり、学級がスムーズに運営されたりすることであってはなりません。その意味で、AL授業もまた、子どもたちが来たるべき将来の社会生活で自立して生活し、さまざまな物事に興味関心を抱き、逆境も含めたさまざまな状況を自ら切り拓いていくことに資するものでなくてはなりません。

社会生活はもちろん、人生において立ち現れる問題（＝課題）のほとんどは「答えのない課題」です。それが年代に応じてさまざまな壁となって私たちの前に立ちはだかります。時にはそれが「課題」であることにさえ気づかぬままにもがき苦しむことさえあるのが人生です。そうした人生の諸課題について、その時々に自らの頭で考え、自らの手で自分なりに解決し、その結果に納得して責任をもつ。ALはそうした「構え」を形成することに資するものでなくてはなりません。

教科書学力だけでなく、答えのない課題を学校教育の中でのみ機能させるのでなく、あくまで子どもたちが将来にわたって課題を追究する「構え」をつくることこそが目指されるべきなのです。

5　ＡＬ授業は良き人間関係を醸成する

ＡＬ授業の効果として決して無視してならないのは、集団に良い人間関係を醸成するということです。学級集団においてはもちろん、生徒会活動や部活動など、議論・交流の体験、話し合うことの体験は、互いの意見の共通点と相違点を整理したり、合意形成を図ったり、お互いの対立する意見を止揚したり、対立点の落としどころを探ったりといった経験を積み重ねることになります。要するに互いの立場を尊重しつつ、現実的な行動指針をつくるという経験を重ねることになるわけです。

時に「うちの学級は人間関係ができていないので、ＡＬ授業の導入はまだ無理だ」という声を聞くことがあります。しかし、人間関係ができてからＡＬを導入する、人間関係ができていないとＡＬはできないと考えていたのでは、いつまで経ってもＡＬ授業の導入はままなりません。

こう考えてみましょう。ではいったい、人間関係がどうなればＡＬ授業が導入できるのでしょう。ＡＬ授業を導入できる学級集団にはいったいどのような要素があれば良いのでしょう。こう考えてみると、そんな規準が存在しないことに気づかされるはずです。

逆なのです。ＡＬ授業の導入こそが、良き人間関係を醸成するのです。

6 AL授業はコミュニケーション能力を育成する

AL授業が一斉授業に比べて、子どもたちにコミュニケーションの絶対量を圧倒的に保障することは言うを待ちません。

例えば体育の授業で考えてみるとわかりやすいかもしれません。教師が基礎的な練習の仕方や作戦をさまざまに説明し、長い時間をかけて具体的に例示し、たまに子どもたちにやらせてみるという体育の授業と、子どもたちにとにかく運動をさせてみて、それを見ながら教師が必要なときに指導・助言する体育の授業と。運動の絶対量が少ない授業と圧倒的に多い授業。子どもたちの体力の育成は、圧倒的に後者が優ります。

AL授業のコミュニケーション能力の育成には、これと同様の構図があります。コミュニケーション能力は体育の授業同様、「経験によって学ぶ」という構造があります。いくら教師が的確で適切なコミュニケーションがどういうものかということを説明したとしても、経験の中で伝わったり伝わらなかったりしながら学んだこと、説得できたりできなかったりしながら学んだことには決して敵いません。

もちろん「経験させる」だけの放牧的な授業ではいけませんが、少なくとも子どもたちにコミュニケーションの絶対量を保障できるのがAL授業なのです。

7 ＡＬ授業は将来の人間関係構築力を育成する

わざわざ私が言うことでもありませんが、これからの日本は急激な人口減少社会に突入します。人口が減少するだけでなく、急激な二極化が進むとも言われています。要するに格差社会です。人口減少と少子高齢化は現役世代の負担を高め、格差社会は自力では生活できない階層を増やす可能性があります。あまり悲観的な将来像ばかりを想定するのもよくないのかもしれませんが、こうした社会において子どもたちに必要とされる最も大切な能力は「人間関係構築力」だろうと思います。

困ったときに「助けて！」とＨＥＬＰを求められる力、同じ趣味、同じ嗜好をもつ人とつながって人生を愉しむ力、それほど馴染みのない人や外国人とも臆することなく協働できる力などなど、高度経済成長以降、この国の人たちが失いつつある〈共同性〉に対する親和的な意識、親和的な態度が必要とされます。

ＡＬ授業はこれまでの競争社会を超えて、子どもたちが厳しい時代を生き抜くために必要な「人間関係構築力」「人間関係調整力」の育成に培う授業形態です。将来のこのような社会像を想定したとき、もはや一斉授業だけでは子どもたちを不幸にしてしまうかもしれない。教師にはそんな構えさえ必要な時代になったのです。

8 AL授業の目的には二つの方向性がある

こうして見てきますと、AL授業の〈目的〉には二つの方向性があることがおわかりになるかと思います。

一つはいわゆる「学力」の形成です。①「教科書学力」の形成、②「答えのない課題」を追究する姿勢、③将来立ち現れるであろう多様な課題に対する「問題解決能力」の育成とレベルはさまざまですが、AL型授業は「今日的な学力」を形成しようとする授業形態だと言えるでしょう。この方向性は文部科学省の推奨する「主体的・対話的で深い学び」の教育にも通底しています。学校教育の根幹は「学力の形成」にありますから、これは当然のことです。

しかし、AL授業にはもう一つ、目的として担い得る大きな役割があります。それは従来型の教育にはなかった、「人間関係」の醸成という視座です。これは従来型の教育では特別活動の領域とされてきました。しかし、AL授業ではは っきりと、この「人間関係醸成力」とも言うべき機能を「授業内部の目的」として位置づけたのです。実はここにこそ、AL授業の大きな特質があります。

この方向性を色濃く出したAL授業も、現状では①学級集団における「より良い人間関係」の構築、②閉じられた集団に限らない汎用的な「コミュニケーション能力」の育成、③厳しい世の中を生き抜くための「人間関係構築力」「人間関係調整力」の育成と、こちらもさまざまなレベルで提案されている現実がありますが、いずれにしても「人間関係醸成力」の育成という点では目的を一にしています。

一方、ＡＬ授業の必要性を提案する人たちには、この二つの方向性のどちらかに重きを置いて提案している方が少なくありません。どちらかと言えば教育の目的を「学力形成」と捉え、「学力形成」を重視し「系統主義的な教育観」に立ってＡＬ授業を考える人たちと、どちらかと言えば教育の目的を「人間形成」と捉え、「人間形成」を重視し「経験主義的な教育観」に立ってＡＬ授業を考える人たちとに分かれる傾向があります。現状ではＡＬ授業に一斉授業が対置されることが多いので、いまのところ「学力形成」的ＡＬと「人間形成」的ＡＬの対立はそれほど顕在化していませんが、水面下では大きな差異として議論を進め、授業を改善していく足枷として機能しているところがあります。

私はこうした目的論を吟味することなく、自らの嗜好性、つまりは自分の好みでＡＬ授業の目的を偏らせるような在り方は厳に慎むべきだと考えています。常に双方の方向性を意識して〈目的〉を考える。常に二つの方向性を意識して授業づくりに当たる。そうした積み重ねからしか現状は打開できない。そう考えています。

ＡＬ授業を始めよう、ＡＬ授業に取り組んでみようと思い立ったなら、ＡＬ授業の〈目的〉を次の三段階で考えてみる必要があります。

【レベルＡ】　学力形成的な目的としては「教科書学力」をＡＬ型授業で楽しく獲得させることを目指し、それとともに人間形成的な目的として「学習集団（学級集団や学年集団）のより良い人間関係」の醸成をも目指す。

【レベルＢ】　学力形成的な目的としては「答えのない課題」を追究していくことで探究力を育成することを目指し、それとともに人間形成的な目的として「汎用的なコミュニケーション能力」の育成をも目指す。

【レベルＣ】　学力形成的な目的としては「将来立ち現れるであろうさまざまな課題に対する問題解決能力」の育成を目指し、それとともに人間形成的な目的として「厳しい世の中を生き抜くための『人間関係構築力』『人間関係調整力』」の育成をも目指す。

もちろんこんな単純化した学力モデルでＡＬ授業が機能するとは私も楽観していませんが、少なくともこうしたモデルで二つの方向性を等価に捉えながらＡＬ授業を考え構築していくことで、どちらかの方向性に偏った中途半端なＡＬ目的論に陥ることだけは避けられると思うのです。

9 ＡＬ授業の課題はバランスが必要である

詳細は「ＡＬの課題」の項で述べますが、ＡＬ授業の課題はいわゆる「社会問題」的なものの解決を志向するものだという無意識的な捉えが蔓延しているように思えます。政治的な問題や経済的な問題、貧困問題や格差社会、教育問題や福祉政策、国際社会の問題や国際理解の問題、エネルギー問題や環境問題等、毎日大手マスコミを賑わしているような高尚な問題を扱うことこそがＡＬであり、「主体的・対話的で深い学び」が目指すものであるというわけです。

しかし、子どもたちの将来に立ち現れてくる課題は、決して「社会問題」だけではありません。親子の愛情や確執の問題、恋愛感情や恋愛関係の構築、失恋や受験の失敗、結婚や子育て、出世競争や労働意識の問題、介護問題や親の看取りなど、もっと「人文的」と言いますか、「個人的」な問題も子どもたちの将来に立ちはだかるのです。むしろ「社会問題」よりもずっと個々人にとっては深刻な問題として立ち現れてくるのがこうした問題群であると言えます。

「社会問題」が必要ないと言っているのではありません。高尚な問題ばかりでなく、人生を見通したバランスの良い課題設定が大切だと申し上げているわけです。

10 AL授業には対立を前提とした思考も必要である

AL授業が「人間関係構築力」「人間関係調整力」の育成に培うと言うと、多くの人たちは「合意形成」を目指したり、「Win-Win」の結論に到達させなければならないと考えたりする傾向があります。日本人は「ムラ社会」「共同体社会」の形成を旨としてきた歴史をもつので、どうしても対立を避けるような議論・交流を措定しがちです。

しかし、AL授業で「人間関係構築力」を育成するということは、何も「対立を避ける」ための学習をさせよということではありません。むしろこれからの時代に必要なのは、立場の異なる相手と、もっと言えばこのままでは深刻な対立に陥ってしまいそうな異なった立場の相手と、お互いの立場を尊重しながら「合意形成」を図ったり「Win-Win」を目指したり「大いなる妥協」をしたりといったことこそが必要になるのです。言うなれば、「多様な立場」の人たちが「深刻な軋轢」に陥ることなく「合意形成」できることが必要になるわけです。

その際必要になるのは、百点満点の解答などないという構えをもつことです。答えがないというよりも、百点満点がないのです。ディベートのようなメリット・デメリット思考、或いは「場合分け」の思考など、対立を前提とした思考法さえ必要なのです。

ＡＬの構成

ＡＬ授業はこの十年でめざましく普及しました。いまでは若手・中堅教師はもちろん、五十代のベテラン教師はもとより、再任用の教師にさえ、「では、四人グループで検討してみましょう。机を向かい合わせて」といった交流活動が普通に見られるようになりました。

しかし、多くの「ＡＬ授業」と称される交流活動は、「交流活動を設定すれば子どもたちは意欲的に参加する」「交流活動を設定すればその後の教師のまとめを理解しやすくなる」「交流活動を設定すれば成績下位の子やおとなしい子を参加させたことになる」といった、かつての「バズ・セッション」や「ペア・トーク」の

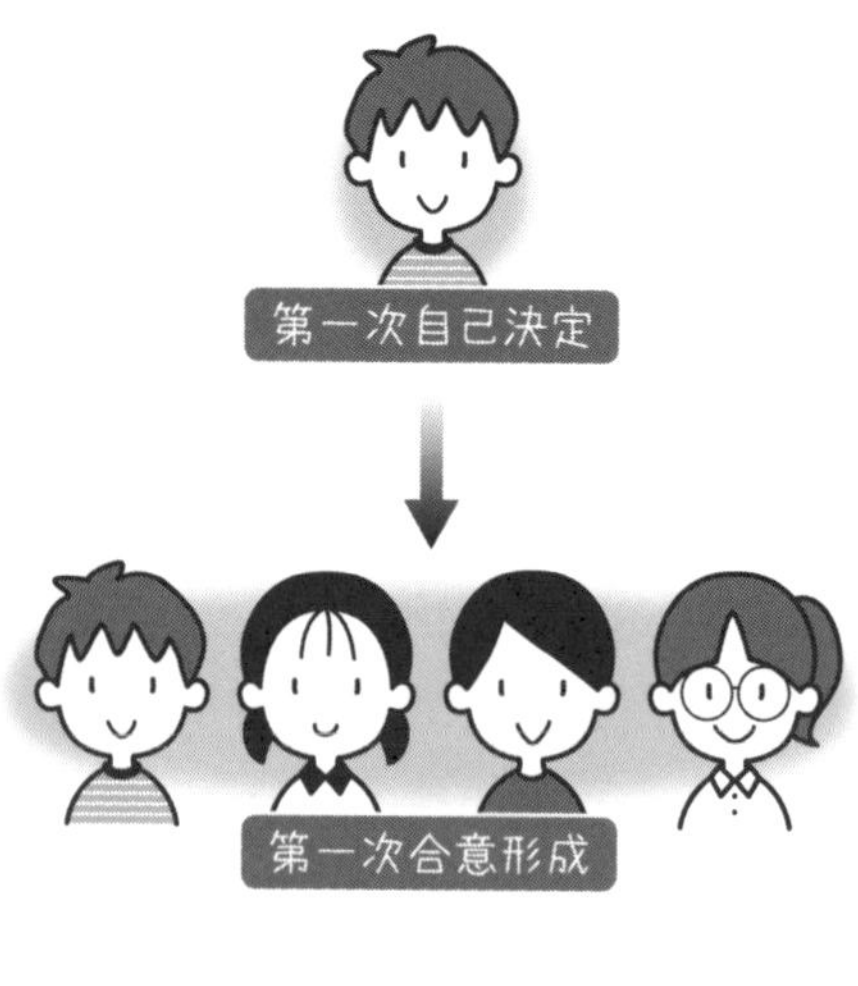

延長程度のものと捉えて行われているように思えます。交流活動の成立要件とは何か、交流活動はどのようにすればより良いものになるのか、「交流」と「議論」の違いとは何なのか、時に交流活動が沈滞し上手くいかない現象が起こるのはなぜか、といったことを細かく考えながら取り組んでいる教師は少ないように見えます。要するに、確かにＡＬ的な「活動」はあってもその「機能性」を高めようとする意識がないのです。

ここでは、理想的なＡＬ授業の構成を措定してみることで、それぞれの段階のもつ「機能性」について考えます。

ＡＬの構成

1　教師は子どもの感動詞を欲する
2　ＡＬの構成には十段階がある
3　「話すべきこと」をもたせる
4　「第一次自己決定」こそがＡＬを起動する
5　「第一次自己決定」をリストアップする
6　「第一次自己決定」の整理は二階層で考える
7　メンバーをシャッフルする
8　「第二次自己決定」こそがＡＬの成否を決める
9　第二次合意形成がメタ認知力を高める
10　ＡＬはメタ認知能力の育成を志向する

1 教師は子どもの感動詞を欲する

「おお!」「へえ…」「おや?」

教師は子どもたちのそんな声を欲しています。発見、感嘆、納得、疑問……。これらは子どもたちが関心・意欲を抱いたこと、主体的に学習に取り組んでいることの一つの証左です。少なくともその表れとして評価することができます。だからこそ教師は子どもたちの感動詞を欲します。

活動型の授業、協同学習、ファシリテーション、ワークショップ、具体的にはどう呼んでも構いませんが、いずれにしても小集団交流を主としたいわゆる「ＡＬ型授業」を構想するとき、これらの感動詞を子どもたちは口々に発することになります。それが教師に、子どもたちの学びの成立を直感させます。昨今のワークショップを基本とした「ＡＬ型授業」づくりの流行はその直感に支えられています。

しかし、ただ課題を与え、ただグループワークに取り組ませればこうした感動詞が生まれるわけではありません。皆さんにも経験があるはずです。同じようにグループワークをしているのに、子どもたちがノる授業とノらない授業とがあると。そこには構造的な違いがあるのです。

2 ALの構成には十段階がある

私はAL型授業が理想的には次の十段階で進められると考えています。これら十段階それぞれの機能がうまく子どもたちに働いたとき、子どもたちが盛んに感動詞を発するのだと考えているわけです。

①課題の提示
②第一次自己決定（個人の意見）
③第一次合意形成（小集団の合意形成）
④第一次合意形成の活性化（主に小集団の組み替えによる）
⑤第二次自己決定（個人の意見）
⑥第二次合意形成（元の小集団の二度目の合意形成）
⑦全体発表
⑧第一次振り返り（個人の振り返り）
⑨振り返り（合意形成過程のメタ認知化）
⑩学習作文

この十段階は〈ワールド・カフェ〉を想定するとわかりやすいかもしれません。

3 「話すべきこと」をもたせる

ＡＬ型授業において教師は課題を提示します。そしてどのように話し合いを進めていくのか、その方法を提示して見通しをもたせます。場合によってはこの課題について考えることにどんな意義があるのかを話して聞かせます。課題を提示し、方法を提示し、価値を伝える。この三点を議論・交流以前に子どもたちに語ることを、一般に〈インストラクション〉と呼びます。

意外と多いのがこれら三点を提示しただけで、「さあ、話し合いなさい」と子どもたちに〈投げてしまう〉実践です。大人相手ならばこれでも構わないかもしれません。大人はそれぞれに、さまざまな知識と経験をもっています。よほど難しい、考えたこともないような課題でない限り、大人はこれで話し合いに入ることができるでしょう。

しかし、授業は違います。授業を受けるのは子どもなのです。子どもは大人に比べて圧倒的に知識と経験をもっていません。まずは各々を課題に正対させ、じっくりと考えさせることが必要なのです。自分の意見が定まったとき、初めて話し合いに参加することができるようになるのです。「自分の意見が定まる」ということは、「話すべきこと」をもつということです。これを「第一次自己決定」と言います。

4 「第一次自己決定」こそがALを起動する

私は〈インストラクション〉には、次の四つの要素が必要だと考えています。

【インストラクション】
①〈課題〉を提示して、「授業内容」を伝える。
②〈交流の方法〉を提示して、「見通し」をもたせる。
③〈価値〉を伝え、「意欲」を喚起する。
④〈第一次自己決定〉をさせ、「話すべきこと」をもたせる。

①～③は学級実態や発達段階によって、或いは教科の違いや課題の質、発達段階や習熟段階の違いによって順番が入れ替わったりカットされたりすることがあり得ます。しかし、「第一次自己決定」だけは絶対に必要です。〈インストラクション〉とは「第一次自己決定」をさせ、これから始まるグループワークにおいて子どもたち全員が話すべきことをもつための営みであると言って間違いありません。

「第一次自己決定」こそがグループワークを機能させるのです。

5 「第一次自己決定」をリストアップする

子どもたち全員が自分の意見をもったら、いよいよグループワークの開始です。

本書でも何度も繰り返していますが、グループワークでまず最初にしなければならないのは、参加者全員の見解を〈リストアップ〉することです。全員の考えをまずはすべて平場に出す。これをしないことには議論・交流は始まりません。

〈ラウンド・ロビン〉という協同学習の手法があります。A・B・C・D四人で交流する場合に、まずはA〜Dのそれぞれが順番に課題に対する見解（第一次自己決定）を述べるところから始めます。個々が見解を披瀝《ひれき》している最初の段階では、他の人たちは一切口をはさみません。要するに、Aが見解を述べている間は、B・C・Dは黙って聴くのです。場合によっては質問することを許可することもありますが、少なくとも初期指導では、質問さえ許さないのが良いでしょう。AL授業では、子どもたち全員が自分の意見をしっかりと述べる時間が保障されている。この感覚を共有化することが何より重要なのです。

この「個々の第一次自己決定を発言する機会を保障する」ということは、教師がその必要性を話して聞かせる程度では定着しません。一ヶ月から数ヶ月程度かけて、このやりとりを完全定着させなくてはなりません。

6 「第一次自己決定」の整理は二階層で考える

第一次自己決定のリストアップが済んだら、次にそれぞれの見解の共通点と相違点を整理しなくてはなりません。このとき、最低でも二階層で考える必要があります。

例えば四人グループで交流しているとして、見解がA・Bの二派に分かれたとしましょう。それも見解Aが三人、見解Bが一人です。こうしたとき、多くの教師は三対一だからといって多数決で決めてはいけない、四人全員が納得するように話し合わなければならないということは意識するものの、見解の分かれ方はあくまで三対一の二派だと捉えてしまいます。もちろんそういうこともあるのでしょうが、多くの場合、見解が二派に分かれることは意見がほんとうに二派に分かれていることを意味しないのです。

三人の結論は確かにAです。しかし、二人は百%Aだと考えているけれど、もう一人はかくかくしかじかの理由でBの可能性もかなりあるけれど、自分の感覚としては六対四でAと考えるのが妥当だと判断したかもしれないのです。前者二人はBと判断した子の考え方をいまひとつ理解できないかもしれませんが、後者はBと判断した子の言い分を深く理解できるでしょう。リストアップされた見解の整理には、「結論」(=判断)と「理由」という二階層で考える必要があるのです。

7 メンバーをシャッフルする

見解のリストアップが終わり、共通点・相違点の整理が済んだら、意見交流（フリーディスカッション）が始まります。しかし、フリーディスカッションを四～六人の固定したメンバーで行っていると、ほぼ間違いなく意見が固定化していきます。その固定化した意見が、固定化した雰囲気が少しずつ視野を狭くしていきます。結果、どうしても意見交流は停滞します。現象的には活発だったとしても、思考の中身が停滞してしまうのです。一般社会で言えば、同じメンバーで進むプロジェクトが新たな発想を抱きづらかったり、固定的なメンバーの組織がこれまでの成果を捨てられなくなったりするのと同じ構造です。

私は経験的に、子どもたちが固定メンバーで十五分～二十分間の意見交流をしたら、まず間違いなくグループの思考は停滞していると確信しています。私の経験は中学校でのものなので、発達段階によってはもっと早いと考えて良いかもしれません。そこで教師は、ある一定時間が経過したら、「必ずシャッフルタイムを設けなければならない」くらいの覚悟をもってＡＬ活動に臨むのが良いと考えています。ワールド・カフェやジグソーのようにシステマティックにシャッフルする方法もありますし、時間を決めるだけで自由に交流させる方法もあります。ねらいによって使い分けることになるでしょう。

8 「第二次自己決定」こそがALの成否を決める

シャッフルタイムが終わったら、再び「自己決定」をさせることになります。

子どもたちはシャッフルタイム以前に「これこそ答えなのではないか」「これこそ結論なのではないか」といった、いわば「ゴール幻想」のようなものを抱きつつありました。少数のメンバーで数十分にわたって交流・議論すれば、そのような「ゴール幻想」を抱くことはむしろ当然とさえ言えます。それがシャッフルタイムでいわば「倒壊」してしまった。多くの子がこの自分が得た「新たな認識」を元のメンバーに伝えたいと意欲が喚起されます。ある種の興奮状態に至ると言えばわかりやすいでしょうか。さきほど得た「ゴール幻想」はまさに「幻想」であって、世界はまだまだ広かったとわかったわけですから。

しかし、この「新たな認識」は子どもたち一人ひとりの中で整理されていません。その理路も理解されていません。先ほどの見解の何が間違っていて、どこに不備があったのか、何が足りなかったのか、そうした整理がなされていないわけです。そこでもう一度、個々に「第二次自己決定」と称して、短時間で自分の認識を整理させるのです。これを怠ると第二次合意形成がどうしても煩雑になり、機能しづらくなってしまうのです。

私は「第二次自己決定」こそがALの成否を決める、とさえ感じています。

9 第二次合意形成がメタ認知力を高める

子どもたちはシャッフルタイム以前に「第一次合意形成」とでも言うべき段階に至っていました。子どもたちはそこに妥当性があると考えてもいました。シャッフルタイムは、そうした「第一次合意形成」の内容に矛盾する情報を各々が得てくるという機能をもちます。だからこそ、「第一次合意形成」で到達した地点よりも広い視野、深い認識が必要となります。「第二次合意形成」は、この「広い視野」「深い認識」へと到達するための交流・議論であると言えます。

「広い視野」と「深い認識」とは多くの場合、交流・議論を混沌へと誘《いざな》う傾向がありま す。「広い視野」でものを見、「深い認識」に至ろうと思考を重ねるとき、その両者をともに成立させることは至難の業です。そこにはこれまで考えてきた次元とは異なる、「高い視座」が必要となりますから、子どもたちのみならず大人でもこうしたことを苦手とする人がたくさんいるほどです。しかし、思考の枠組みには次元の階層（＝レベル）があり、思考とはこの次元の階層を行き来することなしには成立しないのだということは、こうした交流・議論を繰り返すことでしか培うことができません。「第二次合意形成」はこのような機能によって、子どもたちに〈メタ認知能力〉を高めていくのです。

10 ALはメタ認知能力の育成を志向する

私は本書において、繰り返し「第一次自己決定」が重要であることを指摘し続けています。また本節では「リストアップ」の重要度、「シャッフルタイム」の重要度、そして「第二次合意形成」の重要度を強調しました。そしてそれらが子どもたちの〈メタ認知能力〉を高めていくのだと結論づけました。

考えてもみてください。最初に自分の頭だけで、自分の感覚だけで到達した見解、それが「第一次自己決定」です。これが明確に意識されないで、その後のグループワークやシャッフル交流によって得た「新たな見解」との差異を明確に意識することができるでしょうか。この差異を明確に意識することこそが実は「学び」なのではないでしょうか。

実は「第一次合意形成」と「第二次合意形成」との関係もこれと同じ位相にあります。「第一次合意形成」で到達した地点に妥当性があると一度考えたからこそ、シャッフルタイムで得た情報に驚嘆し、「第二次合意形成」で「広い視野」「深い認識」に到達しようとする原動力が生まれるのです。

すべてのAL型授業は〈メタ認知能力〉の育成を志向する。私がこう言うのはそうした意味においてなのです。

ＡＬの課題

ＡＬ授業の課題は、

①答えのない課題
②複数で交流することにこそ価値をもつ課題
③子どもの将来に必要とされる課題
④一回性を実感させる課題

という四つの条件があると考えています。

現在は生きていくうえで、社会的にも個人的にも、常に「答えのない課題」に向き合い、その場その都度に判断しなければならない日常に取り囲まれています。この傾向は二十一世紀になって顕著となりましたから、今後ますますそ

うした傾向は高まっていくのだろうと思います。

こうした難しい時代、厳しい時代を生きていかなければならない子どもたちにとって、常に「考えるべき課題」「今後必ず考えることになるだろう課題」を提示し続けることは学校教育の責務です。今後の長い人生において、問題解決にあたって、「子どもの将来に必要とされる課題」について級友と交流しながら、その場その時の精一杯の判断をしてみるという体験を重ねることこそが有益だと考えられるからです。

ここでは、ＡＬ授業における課題の「質」についで考えます。

ＡＬの課題

1　ＡＬは基本的に〈エリート教育〉である
2　〈非エリート〉が参加できる工夫が必要である
3　「教科書学力」のＡＬ課題は〈説明課題〉を基本とする
4　〈説明〉を複数の字数で試みる
5　〈説明〉を複数の視点で試みる
6　〈説明〉は情報精査とメタ視点を必要とする
7　〈説明課題〉は外部事象を内化させる
8　「人間関係の醸成」に培う課題でバランスをとる
9　人生でだれもが経験するであろうテーマを扱う
10　子どもたちの生活体験の違いに目を向ける

1 ALは基本的に〈エリート教育〉である

読者の皆さんはALがどのような経緯で学校教育に導入されるようになったかご存知でしょうか。もちろん、臨教審→新学力観→ゆとり教育→協同学習の流行といった流れの中で、AL授業が必要とされるようになったという教育行政上の経緯はあります。

しかし、AL導入の直接的な契機となったのはむしろ、バブル崩壊以来のデフレ脱却のため、各企業が生産性を高めなければこの国が国際競争力を失うと危機感を強めた経済界が、いわゆる「即戦力」の人材を教育界が育てるべきだとの要求を突きつけたことに発祥しています。また、それに伴って国際社会に通用する人材を育成するため、研究大学を指定し、ALの導入によって創造性豊かなエリートを育てなければならないとの主張も盛んになされました。つまり、それまでいわゆる「学力」と「人間性」とを育むべきとの教育のコンセンサスを改め、高等教育をも含む学校教育に、社会生活に、もっと言うなら企業マン生活に直接的に役立つ「実学」を大胆に導入しようとの意図からAL導入の政策が採られたのです。

こうした導入の経緯から、ALは中等高等教育のものであるとか、ALはエリート教育に過ぎないので公立の小中学校には馴染まないとの議論もあるようです。

確かに、一般にAL授業が求める方向性は、エリート教育に近い印象を抱かせます。私が第一章で挙げた①答えのない課題、②複数で交流することにこそ価値をもつ課題、③子どもの将来に必要とされる課題、④一回性を実感させる課題という「AL課題の四条件」も、一見すると現在のグローバル社会において、答えのない課題について分析力や創造力を発揮しながら、条件に鑑みて問題解決していくという、経済界が求める資質・能力の方向性に見えるかもしれません。そしてこうした印象は、教師にAL課題を「社会問題」へと向かわせます。社会科や道徳の時事問題志向などはその最たるものでしょう。

政治問題や経済問題、貧困問題や格差社会、教育問題や福祉政策、国際社会の問題や国際理解の問題、エネルギー問題や環境問題等、毎日大手マスコミを賑わしているような、大人にも解決不能な問題が目白押しというのが現在です。最近であれば、「次のパンデミックに備えて、どのような検査体制・医療体制が必要か」とか、「選択的夫婦別姓やLGBTQを制度的に認める場合のメリットとデメリットは何か」とか、「政治と宗教との関係はどこまで認められどこから認められないべきか」といった問題になりましょうか。

こうした問題群を小中学校のAL授業で本格的に導入しようとすれば、確かにそれは一部の成績上位の子どもたち（エリート候補）にしか機能しない授業となるでしょう。なんせこれらは、大人にも難しいどころか専門家さえ頭を悩ませているのですから。

2 〈非エリート〉が参加できる工夫が必要である

とはいえ、ALはいわゆるキーコンピテンシー（資質・能力を総合的に高める）の教育であり、公立小中学校にいるたくさんの子どもたち、要するに言葉は悪いですが「非エリートの子どもたち」にも決して不要な実践理念ではありません。

目まぐるしく移り変わる社会を生き抜いていかなければならない子どもたちに対して、私たち教師が答えの定まった、知識中心の従来の教育観に止まっていたのでは、子どもたちの将来に「見えない壁」をつくることになりかねません。従来の教育観による教育は、数多の知識を与えるだけでなく、教師は意識せぬままに「どこかに最良の答えがあるはずだ」「最適解を見つけることが問題解決だ」という狭い世界観を形成してしまいます。

一般に、前節で挙げたような「社会問題」的な課題を設定してのAL活動は、多くの場合、「応用学習」「発展学習」として単元の最後に位置づけられます。

単元の最初から八割程度は一斉授業で必要な指導事項が知識・技術として伝授される、その後に二割程度の時数を使って「応用・発展学習」として大規模で本格的なAL活動が設定される、そうした単元構成がなされるわけです。もちろんその前半の授業過程において、小規模な交流活動が設定されることはありますが、それらはいずれも「教科書学力」

が扱われる、いわゆる「答えの決まったもの」であることが多くなります。つまり、仮に十時間の単元であるとすれば、「非エリート」の子どもたちは最初の八時間は教師から知識や技術を伝授され、授業にも参加できますが、最後の二時間は「エリート」層を中心にＡＬ活動が進められることになる、そういうことになりがちです。

ましてや成績下位の子に至っては、前半八時間の中で展開される小規模のＡＬ活動でさえ、参加が難しいことが少なくない。成績上位の子に教えてもらうということになるわけですが、これも長く続けていると関係が固定してしまい、教えられるばかりになっている現状にだんだん意欲が減退していくことになります。放っておくと、最終的には成績上位の子の意見を写すだけということになってきます。これが全国津々浦々で展開されている「ＡＬ」と呼ばれる活動の実態なのだと感じています。

こうした実態を打破し打開するためには、ＡＬ活動のテーマ、つまり「課題」を工夫しなくてはなりません。「教科書学力」としての知識・技術を育成する課題だとしても、「答えのない課題」「百点満点の答えがない課題（相互に妥当性を検討するタイプの課題）」だとしても、「交流活動をするのだから参加するはずだ」と考えるのではなく、ちゃんと考えやすい課題、参加しやすい課題を設定する必要があるのです。ＡＬ活動を中心に授業を展開していくには、教師にこうした構えが必要なのです。

3 「教科書学力」のＡＬ課題は〈説明課題〉を基本とする

最近流行の課題に「～を説明する」という課題（以下〈説明課題〉と呼ぶ）があります。『学び合い』運動が普及させた課題の形態ですが、義務教育の授業課題として、しかも教科書学力を定着させる課題としては、とても良い課題の形態です。

国語科なら「なぜ主人公が～してしまったのか説明する」「筆者がなぜ冒頭でこのような疑問を抱いたのか説明する」、社会科なら「日本の○○の傾向について説明する」「この歴史上の人物の最大の功績を理由とともに説明する」、算数科なら「○○の解き方について説明する」「なぜ、この式で正しいのか説明する」などなど、教科を越えて応用範囲が広く、非常に汎用性の高い課題の在り方と言えます。

まず第一に、〈説明課題〉には「答え」がありません。もちろん、教師が教材研究において到達した本時の目標とする「説明」はあるかもしれません。また、子どもたちがその時間で到達した最も良い「説明」もあるでしょう。しかし、それらはいずれも、「非の打ち所のない完璧な説明」ではないはずです。あくまで本時目標としては「過不足のない説明」「妥当な説明」であるだけです。それが国語科における主題の説明であったり（人間の本質を言い表すような）、社会科における社会問題の説明であったり（原発はなぜ必要かなどというような）、道徳におけるモラルジレンマであったり（AとBはどちらかと言えばどちらが良いかというような、或いは他に手立てはなかったかというような）すれば、大袈裟に言えばそれは無意識的に子どもたちの一生の問題にさえなるかもしれません。〈説明課題〉は実はそうした構造を内包しています。

第二に、〈説明課題〉には複数で交流するからこそ価値をもつ課題であるという特徴も満たしています。〈説明課題〉の授業はまず最初に「個人で説明してみる」という営みから始まります。それぞれが自分の説明を持ち寄って、それらを比較検討する。他者から学び、自分の説明を修正する。或いは各自の良いところを取り入れながら、それぞれの説明を融合してより高次の説明をつくる。そんな営みが次々に現象することになります。それが子どもたちそれぞれにとって、主体的で対話的な学びになることは明らかです。他者と交流することの価値も実感されるようになります。

第三の子どもの将来に必要とされる課題という要素については一考を要します。教科書に掲載されている学習事項については義務教育の基礎基本であるという微視的な「将来に必要とされる」であれば、教科書教材はすべてこの条件に当てはまることになりますし、もっと生活問題とか、社会的な問題意識とか、生きる上での価値観のように「将来に必要とされる」を巨視的に見るならば、そのような課題に近づけば近づくほど質の高い課題であると捉えることになるでしょう。〈説明課題〉はこのどちらにも適用できるわけですから、この「子どもの将来に必要とされる課題」という条件が〈説明課題〉を批判したり否定したりする要件にはなり得ません。授業者としては、より質の高い課題をつくることに努力すれば良い、というだけのことです。

第四の一回性を実感させる課題についても同様です。本時で子どもたちが「できた！」と思った説明に満足するのでなく、今後再び三たび考えれば、また別の説明があり得るかもしれない。子どもたちがそれを意識していれば意識しているほど、その課題は質の高いものということになるでしょう。また、自分たちが試行錯誤の上に到達した説明というものは、常に一回性をもっている、だから今後、より高次の説明に到達する日が来るかもしれない、子どもたちがそう考えられるような教室経営をすることは、「主体的・対話的で深い学び」として目指すものの一丁目一番地とも言えるかもしれません。

いずれにしても、〈説明課題〉はこうしたさまざまな特質をもち、おそらくは「自分なりに説明することができたか」で計られることになるその評価も、子どもたちの過去・現在・未来を結びつけるような価値ある評価になると言えます。また、第一次自己決定による〈説明〉と、交流活動の後の第二次自己決定での最終的な〈説明〉とを比較することによって、交流活動の効果を子どもたち自身が自覚することもできます。

4 〈説明〉を複数の字数で試みる

ただし、「自分なりに説明することができた」というだけでは、ALの機能度は低いと言わざるを得ません。だらだらと長い説明を施す、その逆に思い付き程度の抽象的な言葉ひと言で事足れりとしてしまう、そうしたことがあり得るからです。

そこで子どもたちが〈説明課題〉への取り組みに慣れてきたら、複数の〈字数指定〉を施すことが効果的です。「ずばりひと言で」「二十字以内で」「五十字程度で」「八十字から一〇〇字で」といった字数指定を複数、二つから三つ程度提示して、その字数で複数の〈説明〉を試みることを指示するのです。

当然、字数が少ないということは、自らが施した説明のうち、最も大切で本質的な部分だけで構成されることになります。それは「最も大切なのはこれだ！」という核心を取り出すことを意味します。その説明よりも字数が十字多ければ、その核心に次いで重要な情報が書き加えられます。更に二十字多ければ、そうした核心的な概念の具体例を一つか二つ書き加えることができるでしょう。

このように、〈説明〉を複数の字数で書いてみることによって、子どもたちは、〈説明〉を構成する要素を精査する思考を働かせることになります。

5 〈説明〉を複数の視点で試みる

たいへん残念なことに、二〇二二年の夏、安倍元総理が「射殺される」という事件が起こりました。この事件は「暗殺された」という言葉を使う報道と「殉職した」という言葉を使う報道とがありました。実は言葉遣いというものは、その発信者の〈視点〉を表すものです。「射殺される」は事実ベースの言葉遣いですが、「暗殺された」は加害者側の視点に立って用いられる言葉であり、「殉職した」は被害者である安倍元総理の視点に寄り添って用いられる言葉です。

〈説明課題〉でつくられる〈説明〉にも実は同様の構図があります。例えば、ある歴史的事実を説明するにしても、どういった〈視点〉に立つかによって、その〈説明〉に用いられる文言も構成の仕方も違ったものになります。

子どもたちが〈説明課題〉への取り組みに慣れてきたら、〈事実ベース〉の説明とともに、ある立場に〈視点〉を定めた説明を施してみると良いでしょう。例えば、被害者と加害者、為政者と民衆、国家Aと国家B、主人公と対象人物といった立場の異なる〈視点〉に立って、複数の〈説明〉を試みるわけです。こうした活動によって、子どもたちは〈事実ベース〉と思って構成した説明にも特異な視点が紛れ込んでいることに気づきます。

6 〈説明〉は情報精査とメタ視点を必要とする

〈説明課題〉を実践する教師は全国にたくさんいます。算数・数学科で問題の解き方を説明するために順次性を指導したり、理科で仮説・検証型の説明の在り方を指導したりということはなされていますが、国語や社会、道徳などでは、「自分なりの説明ができれば良し」「説明の仕方は問わない」という説明しっ放しの状態になっていることが多いように感じています。しかし、これでは学びが深くなりません。

例えば、「うさぎとかめ」の内容を説明するとしましょう。字数が多ければストーリーを説明したうえで、この物語から導き出される主題は○○であると説明することができます。しかし、字数が少ない場合（例えば「すばりひと言」）には、ストーリーをカットして主題を優先しなくてはならなくなります。また、ある子が最終的に「油断するな！」という主題を導き出し、別のある子が「努力する者は報われる」という主題を導き出した場合、どちらが正しいと決めることは不可能です。どちらも間違いとは言えません。しかし、「油断するな！」がうさぎの視点に立ち、「努力する者は報われる」が亀の視点に立っているということは整理することができます。

〈説明〉には、〈情報精査〉と〈メタ視点〉の双方が必要とされるのです。

7 〈説明課題〉は外部事象を内化させる

一般に、「説明することができる」というのは、その事象の概念が〈知識〉として整理されていることを意味しています。「教科書学力」のＡＬ授業において、〈説明課題〉が用いられるのは、用語の意味や事象概念、問題の解き方や作業の段取り、事象同士の関係や事象同士の階層が〈知識〉として理解されたことが確認できるからです。つまり、自分の「外部」にある事象が自分の中で〈知識〉として理解された、ということです。

しかし、「自分なりに説明することができる」ということは、その「外部事象」が〈知識〉として理解されることに止まりません。大切なのは「自分なりに」の部分です。ここにはその「外部事象」が「自分にとって」どのような意味をもつか、「自分では」どのように解釈されたか、といった意味が込められています。「自分なりに説明できる」ということは、「外部事象」について、自分との関係においてどのような意味をもつかという「内化」の過程が意識されているのです。私はそう解釈しています。

ということは、〈説明課題〉に取り組むことは子どもたちにとって、その知識や技術に「当事者意識」をもって自分の「内部」に取り込むことを意味します。こうした活動を繰り返すことによって、「学び」というものそれ自体が「内化」していくのです。

8 「人間関係の醸成」に培う課題でバランスをとる

私は前に、①答えのない課題②複数で交流することにこそ価値をもつ課題③子どもの将来に必要とされる課題④一回性を実感させる課題という「AL課題の四条件」を踏まえたうえで、AL活動には「人生を見通したバランスの良い課題設定が大切だ」と述べました。

AL授業は、高度情報化社会、高度消費社会、国際化社会といった、総じて「多様化社会」を生き抜いていくうえで必要とされる「資質・能力」を子どもたちが身につけることを想定して設定されています。その意味で、応用・発展型のAL授業は一般に、政治課題や経済課題、社会問題や環境問題といった高尚なテーマが取り扱われる場合が多いようです。これらのテーマは確かに「AL課題四条件」のどれをも満たしています。

しかし、こうした高度な課題ばかりを扱っていては、応用・発展型のAL授業がごく一部の子どもたちにしか機能しない、〈エリート教育〉に堕してしまいがちになります。そこで、「AL課題四条件」を満たしながらも、〈非エリート〉の子どもたちにも機能し、将来に役立つような課題をも取り上げ、バランスをとるべきだというのが、私の提案の趣旨です。そしてそれらは、いわゆる「学力形成」的な課題ばかりでなく、「人間関係の醸成」に培うような課題を取り扱うことによって目指されるべきだと私は考えています。

9 人生でだれもが経験するであろうテーマを扱う

では、「人間関係の醸成」に培うような課題とは、いったいどのようなものが考えられるでしょうか。

人生においてぶつかる課題、問題、悩みというものは、そのほとんどが百点満点の解答なんてないものです。

(1)好きな女ができた。どうやって口説こうか。

(2)あの人とうまくいかない。このまま「さよなら」だろうか。それも仕方ないとも思える。自分はほんとにあの人のことが好きだったのだろうか。そしてあの人のほうはどうだったのだろう。

(3)どうしても仕事がうまくいかない。この仕事は自分に向いていないのだろうか。なにか、ほんとに自分に向いているほかの仕事があるのではないだろうか。

(4)二人目の子どもが生まれた。夫の助けなしにはやっていけない。だけど、彼は忙しそう。自分が頑張るしかないのだろうか。このままではノイローゼになるかもしれない。

(5)同期に出世で先を越された。オレの方が頑張ってきたのに。腹が立って仕方ない。上司はなにを見ているのか。

(6)父親が倒れた。保険のきかない先進医療にはお金がかかる。父はそんな無駄金を使うなと言う。でも、父を見殺しになんてできない。自分はどうすればいいのか。

(7)自分の人生に後悔はなかったか。悔いなく生きてきたと胸を張れるか。残りの人生をどう生きようか。どう生きれば充実したものになるのか。

どれもこれも人生においてだれもが一度は抱く〈問い〉です。それも人生の分岐点で経験するような〈問い〉でさえあります。しかも、どの〈問い〉にも百点満点の答えなどあるはずもありません。なのに、多くの人々がどこかに正しい答えがあるような気がして彷徨《さまよ》い、「これかな……」と思って進んだ道が思いのほか険しいことに戸惑います。なかには人生半ばで絶望してしまう人もいます。

日本人は生活においてさえ、解答のない課題に対峙したとき、解答を求めて彷徨います。ただ解答を教える授業をしても、解答はないんだよという授業をしても、この人間の業にはあまり変わりがありません。しかし、「どこかに解答があるのではないか」とこの課題に対峙するのと、「解答は自分でつくるものだ」とこの課題に対峙するのとでは、その様相はまったく変わると思うのです。

私はこうした人々が生活上必ず抱えるであろう〈問い〉、必ず判断を強いられる〈課題〉に対して、学校教育が一切の貢献をしていないことがとても気になります。その結果、子どもたちはこうした「だれもがいつか抱えざるを得ない課題」に対して無防備のまま社会に出て行きます。そして我々の何代も前の祖先から、いま私たちの目の前にいる子どもたちまで、時期が来たら同じことに迷い、同じことに悩み、そして時には同じことに絶望するのです。

こうしたテーマは、成績が上位だから的確に判断できる、成績が上位だから適切に対応できるといった質のものではありません。むしろ成績下位の子どもたちが自分の気持ちに正直に考え行動することによって打開できるとか、貧しい家庭で育った子どもが逆境の中で対峙せざるを得なかった特異な体験をもとに現実的な知恵をもっているとかいうことがいくらでもあります。恵まれた家庭で育つ子どもが恵まれているが故に視野が狭くなっていて、そうでない家庭環境があり得ることに思いが及ばないということもあります。

こうしたテーマは百点満点の答えがなく、子どもたちの将来に必要な課題であるばかりでなく、「複数で交流することにこそ価値をもつ課題」であり、メンバーが変われば交流の方向性自体が変わってしまう「一回性を実感させる課題」でもあります。まさに「ＡＬ課題四条件」を満たす課題でもあるのです。「応用・発展型」のＡＬ授業の二～三割において、こうした人生でだれもが経験する問題が扱われるべきだと私は考えています。

10 子どもたちの生活体験の違いに目を向ける

時に、道徳の授業において、成績下位の子どもたちが交流・議論で大活躍することがあります。時に、国語の物語の授業において、ふだんは意見など言わない子が積極的に主張して譲らないことがあります。時に社会科の授業において、ある子がある歴史上の人物に度を越えてシンパシーを表明することがあります。こうしたことが起こるのは、その課題がその子の生活経験と密接なつながりをもっている場合です。特別活動におけるAL活動が教科の授業に比べて、成績上位の子ばかりでなく子どもたち全員を参画させるハードルが低いのはそのせいです。

「格差社会」が問題視されていますが、「格差」は経済格差ばかりではありません。恋愛格差や友人格差といった「人間関係の格差」、情報格差や運動能力格差、芸術センス格差といった「文化的な格差」、家族の死や病歴、看護・介護の経験の有無、両親の離婚・再婚に伴うさまざまな経験の有無など、「体験の格差」とも言えるものがあるのです。教師には「学力格差」と「人間関係格差」ばかりが目につきますが、子ども同士の「裏文化」では、教師の知らないところでそれらが盛んに交流されています。そして、こうした交流の教育効果は、社会問題のALの教育効果に勝るとも劣らないのです。

ＡＬの技術／インストラクション

教師からＡＬ授業を見た場合、ＡＬ授業と一斉授業との一番の違いは何でしょうか。一斉授業と異なる最も大きな難点は何だと思いますか？　経験を振り返って、ちょっとの時間考えてみてください。

それはＡＬが途中から子どもたちに「任せる」授業形態であるという点です。つまり、ひとたび子どもたちに「任せる」時間が始まったら、教師が子どもたちの活動に介入することができなくなるのです。

子どもたちが教師の指導言を理解していないことに気づいた。子どもたちが教師の指導言を勘違いしていることに気づいた。活動の方法が

子どもたちにうまく伝わっていなかったことに気づいた。こうした場合、一斉授業ならすぐに活動を止めて全体指導をしたとしても、子どもたちはそれほどの違和を感じません。しかし、AL授業はそうはいきません。何か危険でも察知しない限りは、教師は子どもたちの活動を止めるわけにはいかないのです。

これは裏を返せば、教師が冒頭の〈インストラクション〉のみで子どもたちをコントロールし切ることが必要になる、ということです。AL授業における〈インストラクション〉の重要性が理解されたでしょうか。ここでは、〈インストラクション〉の留意点を見ていきます。

ALの技術／インストラクション	
1	特異な〈設定〉を用いて教材を提示する
2	子どもたち全員に「自分の意見」をもたせる
3	机はだれ一人黒板に背を向けないように配置する
4	交流方法を提示して「見通し」をもたせる
5	方法を「適宜語る」場合がある
6	ワークシートの様式は「活動の質」に規定される
7	〈交流エチケット〉を提示する
8	活動の価値を語って「意欲」を喚起する
9	「演繹的指導」と「帰納的指導」を使い分ける
10	「理」と「情」を使い分ける

1 特異な〈設定〉を用いて教材を提示する

まずは読者諸氏に問います。

あなたは有名歌人です。それも日本を代表する歌人です。佐佐木幸綱・俵万智級の歌人です。そんなあなたがある文芸雑誌の創作短歌大賞の選考委員をすることになりました。「女子高生がつくる恋愛短歌大賞」という企画です。

その際、以下の七首が最終選考に残りました。入選し雑誌に掲載されるのは五作品。大賞が一作品、次点が一作品、入選が三作品、二作品は落選です。さあ、あなたは選考委員としてどれを大賞に選び、どれを次点とし、落選の二作品にどの二首を選ぶでしょうか。まずは交流を一切しないで、自分一人で大賞一首、次点一首、落選二首を選んでください。交流する時間はあとでいくらでもありますから。

時間は五分です。時間が足りないということもあるでしょうから、そのときは様子を見て時間を延長することもあるかもしれません。

何か質問はありますか？　ではははじめ！

A　「この味がいいね」と君が言ったから七月六日はサラダ記念日

B　気がつけば君の好める花模様ばかり手にしている試着室
C　君と食む三百円のあなごずしそのおいしさを恋とこそ知れ
D　会うまでの時間たっぷり浴びたくて各駅停車で新宿に行く
E　文庫本読んで私を待っている背中見つけて少しくやしい
F　金曜の六時に君と会うために始まっている月曜の朝
G　オムライスをまこと器用に食べおれば〈ケチャップ味が好き〉とメモする

まずは少し先を読むのをやめて考えてみてください。なお、出典はすべて『サラダ記念日』（俵万智・河出書房新社・一九八七年）。この設定は中学校二年生国語科の一学期、短歌の学習の導入にあてた授業の設定です。

もちろん、こんな設定、こんな課題などに正解はありません。しかし、ついつい真剣に考えてしまう……そんな「喚起力」がこの教材、この設定にはあります。これが、教材の七首が提示され、「どれが一番好きですか？」とか「この七首を完成度の高い順にランキングしなさい」とかでは、この楽しさ、このワクワク感は生まれません。特異な設定を施すことには間違いなく、「初発の動機づけ」の意味合いがあります。

2 子どもたち全員に「自分の意見」をもたせる

教材が提示され、まずは大賞作品、次点作品、落選作品をそれぞれが選びます。最初の選択はどう考えても直感です。女子生徒たちは自分のフィーリングで「これ、わかる!」というものを選ぶ、すべてはそこから始まります。読み書きの苦手も得意もありません。女子生徒は直感的に、しかし、男子生徒たちは「これから意見交換するに違いない」という予測から慎重に読み込む、教室にそんな雰囲気ができあがります。それでも、五、六分も経てば、それぞれの個人選考が終わります。

「もう少し時間が欲しい人、手を挙げて」

人数が少なければ一分程度、人数が多ければ三分程度、時間を延長します。

「もうできちゃったっていう人、これは全員が選び終わらないと成立しない課題なので、もう少しだけ待ってね。時間があるようなので、もう少し各短歌を読み込んでみると新しい発見があるかもしれませんよ」

こんな風に更なる活動を促して隙間時間を埋めていくのがコツです。

いずれにしても、「第一次自己決定」は一人残らずすべての子どもたちに取り組ませる、ＡＬ授業ではこのことを揺るがせてはなりません。

3 机はだれ一人黒板に背を向けないように配置する

第一次自己決定を終えたら、四人グループをつくります。机を移動して、A・B・C・Dの四人が向かい合います。その際、途中で教師が黒板を使って説明することもあり得ますから、だれ一人黒板に背中を向けない隊形で座るのが原則です。学級の人数によって五人グループができることになりますが、その場合も同様です。

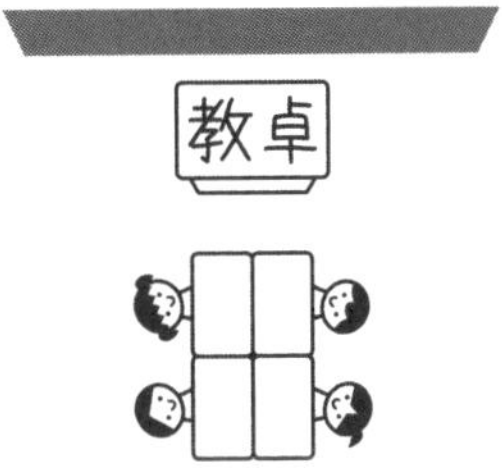

四人の場合

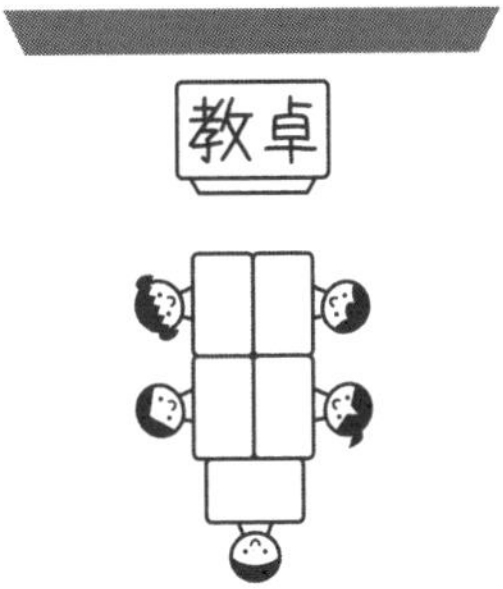

五人の場合

4 交流方法を提示して「見通し」をもたせる

机を移動して四人グループができたら、方法（＝交流の仕方）を説明することになります。ここでは、子どもたちがグループワークに慣れていないと想定して、最も丁寧な説明の仕方を紹介します。

では、これから「選考会議」を始めます。

（前の真ん中のグループのところに行って）このグループを例に説明しますから、みなさん、こちらを向いてください。

まず、前側の廊下側の人、このグループで言うと○○くんですね。あなたはAさんです。そこから時計回りにBさん、Cさん、Dさん、Eさん（五人の場合）となります。はい、Aさん、手を挙げて。Cさん手を挙げて。Dさん、Bさん、Eさん（全員が挙手していることを確認する）。では、改めてAさん手を挙げて。最初にAさんが自分の意見を発表します。その後、Bさん、Cさんと時計回りに発表していきます。

まず、「私は大賞に～、次点に～を選びました。落選は～と～です」とズバリと結論を言ったあと、それぞれの選択理由を述べていきます。そのあとは時計回りで次の人、次の人と意見を言っていきます。四人、五人全員が発表し終わったら、フリーディスカッションに入ってください。「なんか○○ちゃんの言うこと聞いて、〜って思ったんだけど」とか、「○○くんは〜って言ってたけど、それ違うと思うなあ。だってさ」とか、こういう感じで自由に発言して構いません。最終的には選考委員会の結論を出してください。何か質問はありますか？（確認する）

では、赤ペンを出してください。ディスカッションの中で他の人の意見を聞いて、参考になったなというものがあったら、さっき書いたメモに赤で書き足してください。このディスカッション中はペンは赤ペンしか使いませんよ。良いですね。

時間はだいたい意見表明に一人一分で四分、その後、〈フリーディスカッション〉が十分程度、予備時間を含めて十五分を目処とします。みなさんの様子を見て、もう少し延ばすことがあるかもしれません。そのときは先生の指示に従ってください。いずれにしても、十五分は議論の時間として絶対に保障します。では、全体を通して何か質問はありませんか？（確認する）では、スタート！

一つのグループを具体例としてわかりやすく提示すること。発表の仕方を臨場感をもって具体的に提示すること、適宜質問をとることがコツです。

5 方法を「適宜語る」場合がある

「これから、選考会議を〈ワールド・カフェ〉形式で行います。〈ワールド・カフェ〉とは、交流・議論を三つのラウンドに分けて行う交流システムのことです。第一ラウンドはいま座っている四人グループで交流を進めます。第二ラウンドでは、一度席替えをして新たな四人グループをつくって交流します。第三ラウンドでは、もう一度この四人グループに戻って、いま一度交流・議論し、結論を出すわけです。一度席替えをして、それぞれが他の人の意見を聞いて刺激を受ける、そのうえで結論を出そうというシステムですね。〈ワールド・カフェ〉の説明はこのくらいにします。最初にすべてを説明してしまっても忘れてしまいますから、その時々に説明していくことにします。ではまず、ラウンド1です。ラウンド1では……」

〈シャッフルタイム〉がある場合には、最初の〈インストラクション〉ですべてを語ってしまおうとせずに、その時々にそれまでの体験を踏まえて説明していくことが有効です。子どもにしてみれば、交流・議論が盛り上がり、機能していればいるほど、なぜ席替え、メンバーシャッフルの必要性があるのかがわからないものです。その意味で、体験を踏まえた方が説明を実感的に受け取れるのです。

6 ワークシートの様式は「活動の質」に規定される

「これから、この教材を用いて、〈ワールド・カフェ〉っぽいことをします。〈ワールド・カフェ〉ではなく、〈ワールド・カフェ〉っぽいというところがミソです。一つ一つ指示していきますから、先生の言うことをよく聴いてくださいね」

そして、各グループにマジックペンを配付して、次のように指示します。

「プリントの裏に、自分が大賞だと思った短歌の記号を大きく、自分が落選だと思った短歌の記号を二つ、小さく書いてください。こんなふうに書きます」

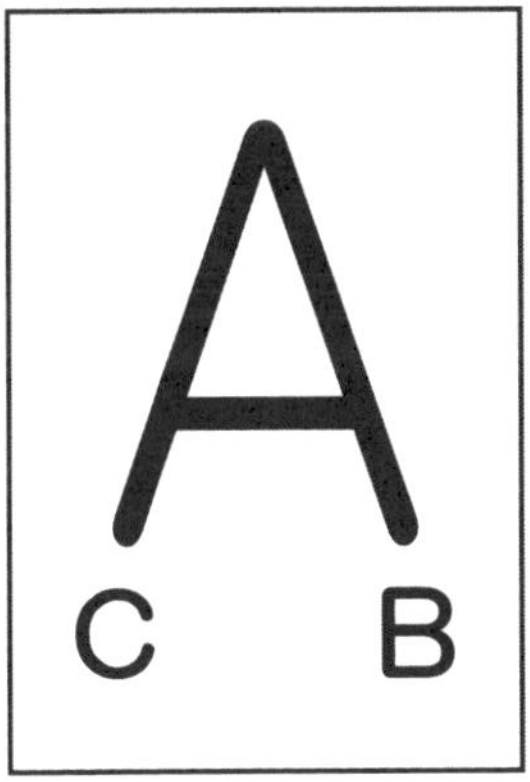

こう言って、図のように板書します。

「いま書いたプリントの裏側はあとで使いますから、しばらくは忘れてください。では、ラウンド1を始めますよ。いまそこにいる四人は最終選考委員です。最終的には四人で大賞・次点・落選をラウンド3で決めますから、ラウンド1では最終決定する必要はありません。取り敢えず、四人のそれぞれの思いを徹底的に交流してください。時間は八分です。

なにか質問はありますか？　では、スタート！」

　こうして交流が始まります。時間が来たらラウンド2です。

「ラウンド2は通常の〈ワールド・カフェ〉なら席替えをしてグループをシャッフルするんですが、今回は個々人で立ち歩いてあくまでも個人で交流します。みんな頭の上にプリントの裏側を掲げます。すると、『ああ、あの人は自分と同じものを選んでいる』とか、『ああ、あの人は自分が大賞にしたのを落選にしてる』とか、そういうことがわかります。そういう人たちを自由に選んで、二人か三人で交流します。この交流は三分ずつ、二セット行います。自分のグループの選考会で自分の旗色が悪いという人は、自分と同じものを選んでいる人二人と交流して、自分が選んだ短歌を推すための論拠を補強する、自分の選んだ短歌のなにが悪いのかとそれを落選にしている人と交流して視野を広げるなんていう交流の仕方もあり得ます。交流は二セットありますから、最初は同じ短歌を選んでいる人と交流、二回目は反対の人と交流ということもできます。その選択はそれぞれの自由です。交流する人を選び始めて、だいたいグループができたなあ……と判断したら、『ここから三分です』と先生が言います。なにか質問はありますか？　では、スタート！」

　三十数人が一斉に立ち歩く。だいたいペアができ上がるのに三十秒から四十秒くらい。そこで、「ここから三分です」と指示する。

教室は騒然となります。しかし、だれ一人課題から逸脱した話をする者はいません。みんな短歌七首の評価に熱中します。

「そうそう！　そうなのよね！」

「わかるんだけどさあ、こういう考え方もできない？」

こんな声があちこちから聞こえてきます。三分が経ったところで、「は〜い！　三分で〜す。『ありがとうございました』で、次のペアをつくってくださ〜い！」という指示だけで、一斉にペア替えが始まります。ペアができたのを見計らって再び三分です。

これは少々高度なファシリテーションシステムであるOST（オープン・スペース・テクノロジー）のグループ分けの際に用いられる手法です。「ワールド・カフェラテ」と命名しました。「ワールドカフェ」と「OST」を半分ずつ採り入れるという意味で「ラテ」と名付けたわけです（笑）。


読者の皆さんは、私がこれまで、ワークシートの形式を提示しないことを不思議に思われたかもしれません。しかし、ワークシートというものは、「活動の質」によって変わるもの、「活動の質」に規定されるものなのです。

7 〈交流エチケット〉を提示する

子どもたちに交流・議論させるには、「ルール」（＝〈交流エチケット〉）を提示することが必要です。私は以下の五つを提示しています。

①テーマ（問い）に集中して話しましょう。

②一人で長く話し続けることは避けましょう。目処として、一人が一度にしゃべって良いのは一分くらいが限度だと心得ましょう。そのかわり、時間内に何度話しても構いません。

③大声で話して他の人が引いてしまうようなことは避けましょう。

④他の人の意見を否定したり馬鹿にしたりしてはいけません。基本的に他の人の話を肯定的に聞くことを原則とします。

⑤模造紙にはテーマにかかわることでさえあれば、何を書いても構いません。基本的にテーマについての交流に役立つなあと思ったら、なんでも書いておくことにしましょう。できるだけ模造紙の真ん中から書き始めるようにしましょう。（模造紙やホワイトボードなど、緩衝材がある場合）

プリントして配るよりも、テレビ等に一時間いっぱい映しておくと良いでしょう。

8 活動の価値を語って「意欲」を喚起する

「短歌の学習をするにあたって、大切なことは教材となっている短歌作品のそれぞれについて知識として知ることではありません。知識ではなく、表現したり鑑賞したりするうえで、さまざまな感じ方があり、さまざまな表現の可能性が無限にあるのだということを『体感』することです（「体感」を板書）。『体感』とは、頭で理解するのではなく、心で、躰で、感覚として実感することを指します」

「短歌や俳句に限りません。こうした言葉の世界、短い表現にも、一つ一つの言葉にも、さまざまな論理、解釈、感受があります。そしてそれは文学的な表現ばかりでなく、論理的な説明の言葉にも、我々が日常的に楽しんでいる何気ない会話の中にもあるのです。ただ、それを感じ取れる人と感じ取れない人との違いがあるだけです。みなさんにはそれを『感じ取れる人』になって欲しいと先生は思っています。『この言葉に対する繊細な感受性』をもつことは『人生の宝』です」

〈インストラクション〉では交流の方法を語るだけでなく、活動の「価値」を語ることも大切です。「価値のインストラクション」があるのとないのとでは、子どもたちの活動に対する意欲に、格段の差が出ます。

9 「演繹的指導」と「帰納的指導」を使い分ける

「価値のインストラクション」に関しては、必ずしも冒頭に語ることが有効であるとは限らない面があります。

授業における活動を伴う指導には、「演繹的指導」と「帰納的指導」とがあります。前者は活動をする以前、つまり「事前」にその価値や留意点を語り、その価値・留意点を意識しながら活動することを求めます。それに対して後者は、まずは取り敢えず活動してみます。そしてその活動の後、つまり「事後」に、その活動の体験を踏まえて、その活動の具体と結びつけてその価値や留意点を語るわけです。

活動を伴う授業である場合、より子どもたちに「落ちる」のは言うまでもなく、「帰納的指導」です。一度活動しているだけに、体験を踏まえているだけに、実感的に理解することができるのです。

一概には言えませんが、その活動の「価値」が社会的な価値であったり、理念的な価値であったりと、総じて「論理的な価値」である場合には事前でも構いませんが、その活動の「価値」が抒情的な価値、趣向的な価値といった「感受的な価値」である場合には事後の方がより機能することが多いと言えます。

10 「理」と「情」を使い分ける

〈インストラクション〉は何より、「丁寧に」を基本とします。

「このくらいはわかるだろ」

「わざわざ具体例を挙げなくてもこの程度の経験はみんながしてるだろ」

「これは前に説明したから今回は割愛だな」

すべてダメです。一人も取りこぼさない、全員連れていく、教師にはそうした気概が必要です。しつこいくらいに説明してちょうど良いくらいだと認識しましょう。

そのうえで、「方法のインストラクション」はゆっくりと、熱く、を旨とします。前者は「説明」ですが、後者は「説得」です。前者は「プレゼン」ですが、後者は教師としての「在り方」を前提とした「語り」である、と言えばわかりやすいかもしれません。

〈インストラクション〉においては、教師としての「指導言」（説明・指示・発問）の技術を駆使して、その目的に応じて「理」と「情」を使い分けることが求められます。教師の言葉が、教師の語りが子どもたちにしっかりと届くよう、脚本を書くのみならず、豊かな演技力もが必要とされるのだと心得ましょう。

ＡＬの技術／グループワーク

ＡＬは「活動概念」ではなく「機能概念」である――私がＡＬ授業の講演・講座をもつたびに、口癖のように言う言葉です。

ＡＬ授業は確かに大きく普及し、多くの学校現場で〈グループワーク〉が行われるようになりました。しかし、よりよい議論・交流になっているか、少しでもよりよい議論・交流にするにはどうすべきか、そう考えている教師は割と少ないのではないかと感じています。「活動あって指導なし」の〈グループワーク〉が多いのが実態なのではないか、そう感じているわけです。

ここでは、〈グループワーク〉の初期指導の

段階ではなく、〈グループワーク〉に慣れてきた子どもたちの議論・交流をどのように更に高めていくか、更に機能させていくかという視点での技術をまとめています。少し高度なものもありますが、少なくとも更に機能させるにはこうした方向性があるのだなと知るだけでも有益だと考えています。

本書では、シンプルに十項目にまとめていますが、もしも更に高度にするにはどうしたら良いかという問題意識をおもちの読者がいらっしゃいましたら、拙著『よくわかる学校現場の教育心理学』（明治図書・二〇一七年）をご参照ください。更に詳細な分析を提案しています。

ＡＬの技術／グループワーク

1 「拡散型」と「収斂型」とがある
2 交流は四人を基本単位とする
3 ゴールイメージをもたせる
4 ゴールには「合意形成」と「深化拡充」がある
5 「拡散」から「収斂」へを意識する
6 「捨てた意見」を再検討する
7 「沈黙」「混沌」を歓迎する
8 発言順に配慮する
9 学んだことは「赤」で書き足す
10 「緩衝材」を用意する

1 「拡散型」と「収斂型」とがある

〈グループワーク〉には「拡散型」と「収斂型」の二つの方向性があります。

「拡散型」とは、〈ブレイン・ストーミング〉を代表とするような、アイディアを出し合って、どのようなアイディアの可能性があり得るかを考えてみるというタイプのもので、基本的に思考は拡散に向かいます。ある論題について〈ディベート〉に取り組んでみて、どのようなメリット・デメリットがあるかを想定してみようというような試みもこれにあたります。多くの〈ファシリテーション〉システム（〈ワールド・カフェ〉や〈ＯＳＴ〉のような）も交流を通じて発想を広げようという目的をもって行われます。

これに対して「収斂型」とは、構成メンバー全員が自分の意見を述べ、それらを交流・議論しつつも、最終的には合意形成を図り結論を出そうとするタイプのもので、基本的に収斂思考へと向かいます。多くの話し合いや会議はこれにあたります。

もちろん、「拡散型」と「収斂型」は厳然と分かれるわけではなく、一つの会議においても〈ブレイン・ストーミング〉でアイディアを出し合った後に、それらの中から採用する企画を決定するとか、〈ワールド・カフェ〉で交流した後に提案事項を考えてみるということはあり得ます。

しかし、教師はＡＬ授業に取り組む際、常にいま行われている活動は「拡散」を求めているのか「収斂」を求めているのかということを、しっかりと意識しておくことが必要です。途中で目的が変わるという場合であれば、いまは「拡散」を目的としている時間帯である、アイディアも潤沢に出たようだからもう少ししたら「収斂」の時間帯へと切り替えてもいいな、というように判断の基準となっていきます。

いかなる活動も、「目的」があっての「活動」です。活動しているうちに目的も定まってくるだろうというのは、放牧であって教育活動とは言えません。学校教育とは意図的・計画的に行われる営みなのです。

「収斂型」の〈グループワーク〉は、四人を基本単位とするのが常道です。学級の人数は四の倍数とは限りませんから、その場合には五人グループを幾つかつくることになります。三人はいけません。三人の話し合いは多くの場合、意見が二対一になった次点で多数派の意見に向かいがちです。最後までとことん話し合わせたいのに、そうでない方向に進む可能性が高くなります。

これに対して、「拡散型」は六〜八人を基本単位とします。アイディアをたくさん出して発想を広げることが目的ですから、四人ではちょっと足りないのです。

目的をもつと、活動自体（この場合は活動人数）にも大きく影響を与えるのです。

2 交流は四人を基本単位とする

〈グループワーク〉はなぜ、四人を基本単位とすべきなのか。

まず図1をご覧ください。六人班の場合、子どもたちはこのように向かい合うことになるのが一般的です。このような座席配置において、AくんとFさんがよくしゃべる子どもだったとしましょう。すると仮に議論の中心点というものを比喩的に想定するとして、この小集団においてこのときの議論の中心点は●の地点にあることになります。そうすると、CくんやDさんからは議論の中心点がかなり遠く、自分が話し始めて議論の中心点を自分の側にもってくるということに、抵抗感を抱くようになります。もちろんおしゃべり好きの明るい子にとってはどうということのないことですが、自分に

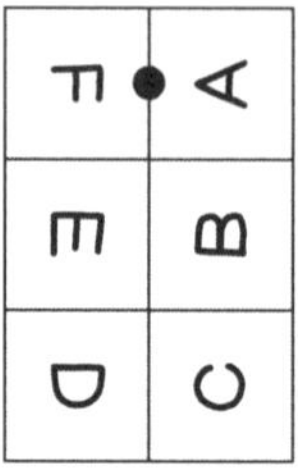

図1

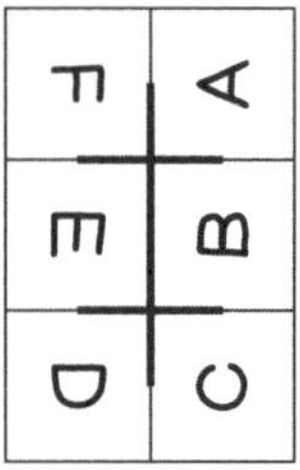

図2

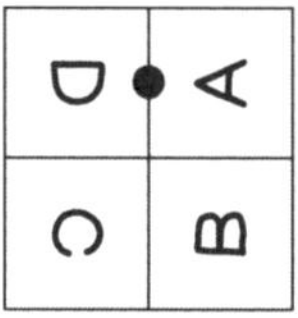

図3

図4

自信のない、おとなしめの子にとっては、たったこれだけの距離がずいぶんと大きな抵抗となってしまうのです。つまり、六人班による話し合いというのは、それだけ傍観者をつくりやすい構成である、といえます。これは六人班という構成が議論の中心の移動範囲が図2の太線の範囲だけ移動し得るからです。

　これに対して四人班は議論の中心の移動範囲が小さいのです。図3をご覧ください。たとえAくんとDさんがよくしゃべる子だったとしても、そのときの議論の中心点はBくんから見てもCさんから見てもすぐ近くにあります。議論の中心は図4に示された範囲しか移動せず、どの子にとっても、それはいつだってちょっとだけ手を伸ばせば届きそうな、すぐ隣にあるのです。つまり、議論の中心点の移動範囲が広いということは、それだけ〈心理的な傍観者〉が生まれやすいという構造をもつ、それが小集団の話し合いによる人数構成であり座席配置なのです。

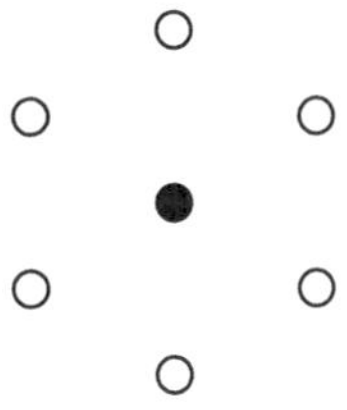

図5

もしもどうしても六人班による交流が必要と教師が判断するのなら、机をはずして図5のような配置で椅子に座ることによって、常に議論の中心を中央にもってくることができます。話し合いの人数や座席の配置というものは、このくらい配慮が必要なものなのではないでしょうか。

3　ゴールイメージをもたせる

課題が難しいから取り敢えず交流させようという実践をよく見ます。もちろん課題があまりに難しいという場合に、ちょっと近くで話し合ってごらんということはあり得ます。しかし、それならば〈ペア・トーク〉や〈バズ・セッション〉で事足ります。こうした場当たり的な、教師が困ったから交流させるという計画性のない交流活動はできるだけ避けるべきでしょう（ただし、年度当初には必要な場合があります）。

何分間の交流なのか、どのような手立てで話し合うのか（発言順や発言時間など）、途中でメンバーシャッフルや自由な立ち歩き交流の時間はあるのか、〈ブレイン・ストーミング〉的な話し合いであれば幾つ以上のアイディアが出れば良しとするのか、深めるタイプの話し合いであれば最終的に「メンバー全員が納得するような合意形成」を目的とするのか、それとも「一人ひとりの思考が深まれば良い」というゴールフリー型の交流なのか、これらを予め予告することによって、子どもたち一人ひとりがどのように時間を使おうかと考えられるようにしなくてはなりません。

何をゴールにどのくらいの規模（時間や活動のダイナミックさ）で交流するのか、こうした「見通し」をもたないと、有益な交流は生まれないのです。

4　ゴールには「合意形成」と「深化拡充」がある

〈グループワーク〉には、ゴールに二つのタイプがあります。

一つは、グループで「合意形成」を図るというものです。それぞれがアイディアや意見を持ち寄って合意形成を図りながら、最終的には結論を出すというタイプの〈グループワーク〉です。

もう一つは、グループが交流・議論することによって、構成メンバーのそれぞれが〈個人の思考〉を「深化」させたり「拡充」させたりすることを目的とする場合です。それぞれがアイディアや意見を持ち寄ってディスカッションするものの、最終的な結論というものを求めない。それぞれがそれぞれに自分のアイディアや意見を「深化拡充」すればそれで良し、とするものです。

前者は「結論型・提案型」の〈グループワーク〉、後者は「ゴールフリー型」の〈グループワーク〉ということになります。

いずれにせよ、〈グループワーク〉をさせる場合には、二つのうちのどちらを目的としたものなのかということを、教師も子どもたちもしっかりと意識して取り組む必要があります。

5 「拡散」から「収斂」へを意識する

これまで何度も述べてきましたが、〈グループワーク〉はすべての意見をリストアップすることから始まります。四人なら四人、六人なら六人がまずは事前にもった意見をすべて平場に出す、この段階がなければ〈グループワーク〉は始まらないとさえ言えます。その意味で、まず最初にすべてのメンバーが第一発言として、自分の意見（第一次自己決定）を表出することから始めなくてはなりません。

このルールがないと、声の大きい子、学力の高い子が交流時間を仕切り、次第にだれていくことになります。一時間の交流時間でだれてしまうことも少なくありませんし、回を重ねるうちに少しずつだれていくこともありますが、いずれにしてもそれらはすべて、子どもたちが「交流する甲斐がない」と感じることによります。〈グループワーク〉の「だれ」は、学力低位の子たちは「どうせ相手にしてもらえないし……」と感じ、学力上位の子は「自分の意見ばかりが通って一人でやっても同じ」と感じることから生じます。この点に教師は配慮に配慮を重ねなくてはなりません。

「収束・収斂」はあくまで、最大限に「拡散」した後に行われるべきことなのです。この原則は何度強調しても強調しすぎということはない、最重要の原則です。

6 「捨てた意見」を再検討する

リストアップが終わり、さあ、意見をまとめようということになるわけですが、子どもたちが〈グループワーク〉に慣れてきたら、すぐに「収束・収斂」へと向かわずに、更に欲を出してみたいものです。それは簡単に言えば、「捨てた意見」を更にリストアップしてみるということです。

〈グループワーク〉の前提として自分の意見をもつ段階、つまり第一次自己決定の段階があるわけですが、その段階で各々が検討したうえで捨てた意見というものがあります。「一人で考えたときに捨てた意見ある？」と言って、どのように第一次自己決定に達したのかという経緯を交流してみるのです。すると、「あっ、私もそれ考えた」とか「そう。僕も同じ理由でその方法を捨てたんだよね」などといった交流がなされることが少なくありません。それは思考の経緯を語っているように見えながら、なぜその理由でそれを捨てたのか、どのような優先順位で考えたのかといった、第一次自己決定に至る観点を検討することになります。

実は「捨てた意見」とその「捨てるに至る経緯」は、学びの宝庫なのです。グループの連帯感を高め、交流・議論を活性化することにつながります。

7 「沈黙」「混沌」を歓迎する

多くの教師が子どもたちの沈黙を怖れます。〈グループワーク〉なら尚更です。多くのグループの中で一つだけ沈黙しているようなグループがあると、「停滞しているな」とか「まじめにやっていないのかな」とか「人間関係がこじれているかな」とか考えてしまいます。そしてここは支援が必要と、あれこれ話しかけてしまったり余計な指導を加えたりしてしまいがちです。

しかし、意見のリストアップがなされ、それを掛け合わせていよいよ何かを生み出そうとするとき、時に混沌に陥ることがあるのです。いえ、それは必然とさえ言えます。それは生産的沈黙（M・ピカート）であって、ネガティヴな沈黙ではないかもしれません。もしもそうならば、教師は手も口も出すことなく待たなければならないでしょう。

実は教師にはこの構えが必要なのです。少しくらい盛り上がっていないように見えても子どもたちに任せてみる。見守ってみる。その繰り返しの中で、生産的沈黙とそうでない沈黙との見分けもつくようになっていくのです。

〈グループワーク〉を機能させたいと思うならば、「混沌を歓迎する」くらいの構えが必要なのです。

8 発言順に配慮する

リストアップのために全員が最初のひと回りで発言するとは言っても、学力の高い子が最初に発言して、他の子が「なるほど、それが答えだ。自分の意見は言う必要がなくなった」と感じてしまうのでは、〈グループワーク〉は成立しません。学力上位の子は交流に甲斐を感じなくなり、学力低位の子は次第に諦めが顔を覗かせます。

これを打開するためには一斉授業のときと同じように、基本的に学力低位の子から学力上位の子へと発言していくのが理想です。そこで、〈グループワーク〉に慣れてくると「自信のない子」から発表していく、というルールを設けます。私の場合、各々が「自分の意見」を書いた段階で、自己評価をさせることにしています。その意見に対する自信の度合い、その意見を通したいという熱意などを五段階で評価させるわけです。「せーのドン！」で片手（指の数。五段階の五であれば五本の指を広げて示すのように）で評価を見せ合い、指の数が少ない子から発言していくというシステムを取っています。

生徒たちは「1」（指を一本しか挙げない）の子の意見をよく聞き、わからないところは教えてあげながら和気藹々に進めています。中学生にさえ割と評判の良いやり方ですので、小学校でも少なくとも高学年にはおすすめです。

9 学んだことは「赤」で書き足す

それを〈目的〉にしているわけですから当たり前ではあるのですが、〈グループワーク〉では、他の三人の意見から新たな考え方を学ぶとか、参考になるものの見方を学ぶとか、或いは見方・考え方の違いを発見するとかいったことが頻繁に起こります。そうした新たな学びがあったときに、子どもたちにそれを放っておかせてはいけません。他人から学んだ参考意見、つまり他人から〈学んだこと〉は、忘れないうちに必ずメモさせなくてはなりません。

私は授業において、ノートにしてもワークシートにしても付箋紙にしても、他人から〈学んだこと〉は〈赤ペン〉でメモするというルールをつくっています。〈第一次自己決定〉で書いたものに〈赤ペン〉で書き足させるのです。そうすれば、この〈グループワーク〉があったからこそ学べたことが、子どもたちにとって一目でわかるようになります。要するに、「学び」が〈見える化〉するわけです。他者との交流が有意義だったということを実感できます。シートやノートに赤が多ければ多いほど、この交流・議論は役に立ったということが実感できるわけです。

もちろん、教師がそうしたメモを集めて評価する場合にも一目瞭然となります。

10 「緩衝材」を用意する

〈ファシリテーション運動〉が世に広めた最も大きな功績は、交流の真ん中に記録媒体を置いたことでしょう。いわゆる〈グラフィック・ファシリテーション〉です。模造紙を置いたり、ホワイトボードを置いたりしながら、それぞれの意見が記録され、結びつけられ、慣れてくると図解化やイラストまで飛び出すようになります。

こうした議論・交流の〈見える化〉機能を果たすものとして導入されているグッズは、実は、議論内容や交流内容の顕在化、つまり記録性を第一義として導入されたわけではありません。リストアップされた事項がひと目でわかり、似た意見、対立する意見もひと目でわかる、そうした対立や優先順位を一望し、生産性を高めるために考案された手法なのです。要するに、議論・交流をメタ認知するための媒体であるということです。

加えて、こうしたグッズには「緩衝材」としての機能もあります。人は対面で、しかも音声だけで交流するよりも、間になにか記録媒体があってそれに向かいながら、それを利用しながら交流した方が話しやすい、交流しやすいという傾向があるのです。つまり、「緩衝材」です。こうしたグッズは、話しやすい雰囲気をつくる機能を大きくもつのであって、単に記録したり生産性を高めたりするためだけのものではないのです。

ＡＬの技術／シャッフルタイム

〈シャッフルタイム〉が、ＡＬ活動に必須というわけではありません。短い時間の〈グループワーク〉なら、〈シャッフルタイム〉を設けている時間などありませんし、大規模な〈グループワーク〉でも過不足なく情報が集められ、思考が活性化されているならば、特に設ける必要がないというのが〈シャッフルタイム〉です。

しかし、子どもたちがＡＬ授業に慣れてくると、ＡＬ活動はだんだんと大規模になっていきます。取り組む課題もだんだんと抽象的になり、高度になっていきます。そうなってくると、固定された四人グループのみではなかなか創造的な発想が生まれない、いま一つ「ブレイクスル

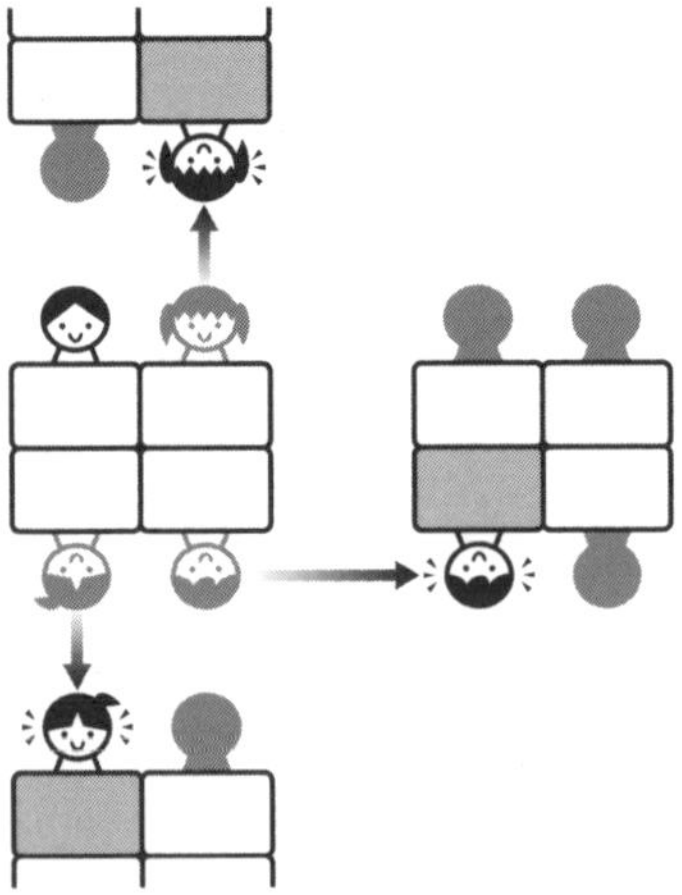

ー」が起こらない、といったことが出てきます。

　そうしたとき、〈シャッフルタイム〉を設定することは、強力な手立てとして機能します。〈シャッフルタイム〉が新たな情報、新たな発想を取り入れる機能があるからです。

　ここでは、〈シャッフルタイム〉をシステムとしてもっている〈ワールド・カフェ〉の勘所を紹介しつつ、〈シャッフルタイム〉の機能について述べていきます。また、簡単にできて、汎用性の高い〈シャッフルタイム〉の設定の仕方についても紹介していきます

ALの技術／シャッフルタイム

1　〈ワールド・カフェ〉の基本構成を学ぶ
2　〈ラウンド1〉の指導言を学ぶ
3　〈ラウンド2〉の指導言を学ぶ
4　〈ラウンド3〉の指導言を学ぶ
5　〈ハーヴェスト〉の指導言を学ぶ
6　固定化した発想を打開する
7　広く情報を集め、できるだけ発想を広げる
8　意見を異にする人と交流する
9　各自の見解を〈見える化〉する
10　〈ギャラリー・トーク〉を援用する

1 〈ワールド・カフェ〉の基本構成を学ぶ

〈シャッフルタイム〉を機能的に位置づけたＡＬ型システムの代表は〈ワールド・カフェ〉でしょう。ここではまず、〈ワールド・カフェ〉の基本システムを紹介します。

〈ワールド・カフェ〉は、これまで述べてきたような〈拡散思考〉と〈収束思考〉とをともに成立させることをねらった、四人グループを基本単位とするダイナミックな交流活動です。授業時間一時間で行うことも不可能ではありませんが、基本的には二時間連続の「学級活動」や「総合的な学習の時間」をセットして、本格的に取り組ませることが良いでしょう。次の四つの段階で構成されます。

①ラウンド１…ある課題について〈拡散〉的に思考し交流する。
②ラウンド２…グループを入れ替えて〈拡散〉した思考を整理する。
③ラウンド３…元のグループに戻り、〈収束〉を目指して交流することにより、何らかの〈提案〉をつくる。
④ハーヴェスト…各グループの〈提案〉を学級全体で共有化する。

この四つの段階がそれぞれ二十分ずつ、合計八十分というのが〈ワールド・カフェ〉の理想です。このラウンド２が〈シャッフルタイム〉にあたります。

2 〈ラウンド1〉の指導言を学ぶ

次に〈ワールド・カフェ〉をイメージしてもらうために、具体的な指導言を挙げてみましょう。ここでは、私がある教育系のワールド・カフェ・イベントでファシリテーターを務めた際の文言を掲載します。

【第一次自己決定】

「今日は『学校って何だろう』ってことを考えることにします。自分の経験から言って、もしも学校がなかったとしたらこんなことに困るだろうなあということはどんなことでしょうか。まずは周りと相談せずに、付箋に三つ書いてみてください。一枚の付箋に一つずつ書きます。だから、三枚書くことになりますよ。時間は三分間です。何か質問はありますか？　では、スタート！」

【ラウンド1】

〈カフェ・エチケット〉（114頁参照）を提示した後に、ラウンド1に入ります。

「では、これからいよいよ〈ラウンド1〉に入ります。テーマは『もしも学校がなかったとしたら、私たちはどんなことに困るでしょうか』です。いま、みんなが三つずつメモしましたから、まずはそれをお互いに紹介し合うことから始めます。一人一つずつ考えたことを発表していきます。要するに四人が三つずつ発表し終わるまでに三周するわけですね。〈カフェ・エチケット〉でも言いましたが、他人の意見を批判したり否定したりするのではなく、『ああ、あるある』とか『なるほどね。それって、私のこれと近いんじゃない？』とか、基本的に肯定的に交流するようにしてください」

時間の目処については次のように言います。

「時間は二十分を予定しています。でも、二十分でバツッ！と切るのではなく、みなさんの様子を見ながら、多少縮めたり延ばしたりということもあり得ますから、あまり時間を気にしすぎないようにしてくださいね。だいたい終わって欲しいなぁという風に思ったら、私が黙って手を挙げますから、それに気づいた人は自分も『気づいたよ』という意味で手を挙げて、すうーっと話をやめてください。みんなが終わりだって気づいて、全員の手が挙がってすべての話がおさまった時点で、次に進むことにします。何か質問はありますか？　では、スタート！」

これは大人相手のファシリテイトですが、大人相手であってもこれだけの丁寧さが必要なのだということは心して欲しいところです。

3 〈ラウンド2〉の指導言を学ぶ

〈ラウンド2〉には大きく分けて二つの機能があります。

第一に、〈ラウンド1〉でのグループを解体して交流を進めることによって、広く情報を収集させることです。

【ラウンド2】

〈ラウンド2〉は次のように進めます。

「これからグループを解体します。いま一緒に座っている四人のうち、一人はそのテーブルに残り、あとの三人は別のグループに移動します。いま座っているテーブルに残る一人を〈テーブルホスト〉と言います。新しくそのグループにやってくる人たちにこのテーブルでどんな話し合いがもたれたのかを説明してあげる、重要な役目を担います。では、一分間差し上げますので、話し合いで〈テーブル・ホスト〉を決めてください」

まずはこうして、〈テーブルホスト〉を決めさせます。じゃんけんやくじで決めさせても別に混乱はないのですが、「話し合いで」とひと言つけると、参加者はだれがこれまでの交流をわかりやすく説明するのにふさわしいかと考えます。その交流にちょっとした

〈シェアリング〉の機能を期待できるのです。もちろん、何度も〈ワールド・カフェ〉を経験して慣れてくれれば、このような配慮も必要なくなっていきます。しかし、初めてやるという場合には「話し合いで」と指示するのが良いでしょう。

「〈テーブルホスト〉は決まりましたね。では、これから他の三人に移動していただきますが、他の三人はどのテーブルに移動しても良いのですが、必ず三人が別々のテーブルに移動してください。新しくできた四人グループの中に、もともと一緒のグループだった人が二人いる、ということは許されません。質問はありますか？　では移動してください」

ラウンド2の二つ目の機能は、ラウンド1で洗い出した問題点を整理することです。これはラウンド3で収束し提案をつくるうえで必要な段階です。グループ替えを終えた段階で、次のような指示をします。

「これから〈ラウンド2〉を始めます。テーマは〈ラウンド1〉での交流を踏まえて、『結局、学校の良さって何なのでしょう。幾つかにまとめてみましょう』です。まずは、〈テーブルホスト〉がこのテーブルでは〈ラウンド1〉でどんな話し合いが行われたのか、模造紙に書かれたものを使いながら説明してあげてください。次に、他の三人が『私のグループではこんな話し合いだったよ』とか『うちのグループではこんなことも出ましたよ』とか、できるだけ観点を広げられるような報告をしてください。この二つが終わったら、いよいよいま提示した問い『結局、学校の良さって何なのでしょう。幾つかにまとめてみましょう』というテーマについて、四人で話し合いを始めます。模造紙は自分のグループのものだと思って、遠慮せずにどんどん書き足して構いません。何か質問はありますか？では、スタート！」

〈ラウンド2〉の問いは既に〈ラウンド1〉でかなり拡散されたあとなので、〈ラウンド1〉の問いに比べて少しだけ抽象的にして、拡散されリストアップされたものをまとめるような機能を狙います。そうした思考が〈ラウンド3〉の収束へとつながっていくのです。

ここでは、①テーブルホストを決めること、②座席を移動すること、③〈ラウンド2〉の新たな問いを提示すること、④〈ラウンド2〉の交流をどのように進めていくか、⑤緩衝材の使い方の五点が確認されていきます。なかなかの情報量です。しかし、ここでのキモは、ファシリテーターが一方的な指示を与えるのでなく、手を変え品を変えて具体的に文言を連ねていくところでしょう。「私のグループではこんな話し合いだったよ」「うちのグループではこんなことも出ましたよ」といった台詞で進め方の方法が提示されている部分などはその典型と言えます。こうした指導言の工夫は、指示内容を指示する側ではなく、参加者側の立場に寄り添って展開させるという意識に支えられています。

4　〈ラウンド3〉の指導言を学ぶ

〈ラウンド2〉が終了し、もとのグループに戻ったら、いよいよ〈ラウンド3〉です。

【ラウンド3】

私の場合、〈ラウンド3〉は原則として、その日、その場に集まった四人だからこそできる〈提案〉をつくるということに主眼を置くようにしています。

「いよいよ〈ラウンド3〉です。これまで学校がないとどんなことに困るのか、結局、学校の良さって何なのか、二つのテーマで話し合ってきました。それらを踏まえて、〈ラウンド3〉では、『より良い学校教育にするための三つの提案』というのをつくってみます。ただし、どう考えても無理だなとか、あまりにもお金がかかるとか、そういう提案はダメです。一部だけが幸せになる提案もダメです。みんなが幸せになれる、それでいて現実的な、そんな三つの提案をつくってみましょう」

問いを提示して、ゴールイメージを共有をしたら、次は交流・議論の進め方を提示していきます。

「〈ラウンド2〉と同じように、最初は〈テーブルホスト〉だった人が報告、その後、他のグループに行っていた人たちが報告、そしてそれを踏まえてフリーディスカッションで三つの提案を考えていく、という流れです」

最後に、報告するときの責任の重大性を説きます。

「四人が四人とも責任重大ですよ。なんせ、〈ラウンド2〉でそれぞれのグループで行われた交流・議論の内容を知っているのは、実はそのグループではあなた一人だけです。あなたがちゃんと報告しなかったら、せっかくの情報がそのグループでは活かされないことになってしまうのです。活かされないということはこの場合、なかったことと同じになってしまいます。みなさんお一人おひとりがそんな重大な責任を負っているのです。最初の報告には、心してかかりましょう。では、何か質問はありますか？　はい、スタート！」

ここでのキモは報告するときの責任の重大性です。これでもかというほどに念を押しています。〈シャッフルタイム〉は一般的に、個人の思考を進化拡充するために「広く情報を集めてくる」というイメージで捉えられています。しかし、〈グループワーク〉で〈シャッフルタイム〉が設けられ、その後にもとのグループに戻るということは、実は「広く集めた情報をもとのグループに運んでくる」ということなのです。メンバー全員がこの意識を強くもてば、実はその機能が四倍にもなるわけです。

5 〈ハーヴェスト〉の指導言を学ぶ

私の場合、〈ハーヴェスト〉は〈ギャラリー・トーク〉で行います。〈ワールド・カフェ〉でそれぞれのグループが書いた模造紙を壁に貼ります。それをグループごとに見て回りながら、感想を述べ合うというシステムです。

【ハーヴェスト】

〈ラウンド3〉が終了したら、グループの模造紙を壁に貼り、その前に集まります。例えば九つのグループがあるとしたら、四人グループが九つ、四方の壁のあちらこちらに固まっている状態です。

まずは、全グループを隣のグループの模造紙の前に移動させます。

「これから〈ギャラリー・トーク〉を行います。まずは、各グループのみなさんは壁に向かって自分たちの模造紙よりも一つだけ左側の模造紙の前に移動してください」

移動が完了したら、次のように指示します。

「まず、みなさんはその模造紙の感想を述べ合います。じっくり読むというよりも、『ああ、自分たちが考えもしなかった、こんなことが書いてあるよ。なるほど、そんな観点もあるかもね』とか、『ああ、私たちがそんなに重要じゃないって切り捨てたことがこのグループでは優先順位の一番になってる。どんな理由なんだろう』とか、そんな感じで、自分たちにとって参考になりそうなものを情報収集するわけです。『あっ、この書き方わかりやすい！』なんていう感想の交流も良いですね。それを二分間で行います。二分たったら、私が『は〜い、二分で〜す。移動してくださ〜い』と言いますから、そうしたら、全グループがまた一つ左の模造紙に移って同じように感想を述べ合います。これを一周するまで、つまり自分の模造紙の前に行くまで続けるわけです。全体で九グループありますから、自分の模造紙を除いてこれを八回続けることになるわけですね。一つ二分としても十六分かかる計算になります」

「さて、〈ギャラリー・トーク〉でまわっているうちに、〈ラウンド2〉でそのグループの人が実際に関わった模造紙が三つ出てくるはずです。そのときには、その模造紙で話し合われたことを張り切って報告してあげてください。その人は質問に答えられるはずですから、他の人はどんどん質問しちゃいましょう。質問はありますか？　では、スタート！」

あとは私がタイムキーパーとして「二分たったら移動させる」（もちろん、参加者の様子を見て多少の延長はあり得る）を繰り返せば良いわけです。

6 固定化した発想を打開する

〈ワールド・カフェ〉の全体像が見えたことと思います。
〈ワールド・カフェ〉はそのシステムの中に、〈シャッフルタイム〉の機能を内在していることに特徴があります。要するに、〈ワールド・カフェ〉は、〈シャッフルタイム〉の機能を最大限に活かしたシステムなのです。

長い時間にわたって同じメンバーで交流・議論していると、どうしても四人の発想が似通ってきて、新たな発想というものが出てこなくなってきます。空気に支配されやすい日本人は特にそうです。一年中発言者が固定化されていて、議論の方向性も似たようなものになりがちな職員会議を、皆さんも幾度となく経験しているはずです。AL授業でも、職員会議ほどではないにしても、固定化されたメンバーばかりとの交流・議論では、やはり発想も固定化するわけです。

そこで、適宜〈シャッフルタイム〉が導入されることになります。一定時間メンバーを入れ替えて交流・議論することによって、これまで考えなかった視点・視座を学んだり、自分たちのグループメンバーではもちえないような独自情報を得たりすることができますから、間違いなく発想が広がることになります。

7 広く情報を集め、できるだけ発想を広げる

〈ワールド・カフェ〉は、メンバーシャッフルをシステムとして位置づけた交流システムであるわけですが、〈ワールド・カフェ〉はあまりにも大規模なシステムなので、授業に日常的に導入することには無理があります。しかし、「ワールド・カフェ的」にメンバーをシャッフルすることはそれほど難しいことではありません。「〈シャッフルタイム〉を設けます。七、八分、他のグループに行って交流しておいで。ただし、同じクループの人と行動を共にしてはいけませんよ」と言うだけです。

時間がない場合なら、「三分間だけ自由に立ち歩いて交流してごらん」とか、意見がA・B・C・Dの四つに分かれている場合なら、それぞれの意見の人たちを教室の四つ角に集めて（A派は前の窓側、B派は後ろの廊下側というように）、それぞれ「作戦タイム」を設けるなどということもできます。

とにかく、リストアップ同様、子どもたちが情報を広く集められる機会をできるだけ増やすことは大切です。「広く情報を集める」「できるだけ発想を広げる」ということは、AL授業を機能させる根幹です。豊かな発想でさまざまな情報を検討するからこそ、交流・議論が活性化し、学びも大きくなるわけですから。

8 意見を異にする人と交流する

実は、〈シャッフルタイム〉には、自分と意見を異にする者と交流した方がより機能するという側面があります。例えば、ある課題についてA派とB派に分かれていて、自分はA派であるとしましょう。

自分のグループではA派は自分だけで、他の三人はB派だった。一対三、多勢に無勢で押し切られそうになっている、こうした場合なら、〈シャッフルタイム〉で同意見のA派の人たちから情報を集めて、自分の意見を補強したいと思います。しかし、一般的には自分がA派ならばB派の人たちと、自分がB派ならA派の人たちと交流・議論した方が思考は活性化されます。もしも四人が四人ともA派という場合なら、聞きたい意見はB派の意見のみ、ということさえあります。

「はい、では、〈シャッフルタイム〉に入ります。A派のみなさんは窓側へ、B派のみなさんは廊下側に並んで向かい合ってください」

例えばこう言って、二派で向かい合わせます。

「向かい側にいる人たちは、自分とは反対の意見をもっている人たちです。では、そのまま進んで、教室の真ん中でぶつかった人たちで交流してください」

こうすれば、必ず意見を異にする人と交流できます（宇野弘恵先生の実践）。

また、前に〈ワールド・カフェラテ〉と称した短歌の実践を紹介したときに、シートに自分の選択した短歌の記号を大きく、自分が落選に選んだ二首を小さく書いて、頭の上に掲げて、各自が何を選択したかを〈見える化〉して交流する方法を提案しました（112頁）。

これなども、意見を異にする人との交流機会をもつための典型的な手法です。自分は短歌Aを大賞に選択している。しかし、どうやらあの人は私の選んだ短歌Aを落選歌にしているらしい。これはその見解を是非とも聞きたい。一般的にこうなるはずです。

更に言えば、自分のグループの選考において、どうも短歌Aの評判がそれほどよろしくない。しかし、自分はどうしてもAを推したい。よし、ここはAを選んでいる人と交流して、短歌Aの良さを更に補強しよう。こうした選択だってできるわけです。

このように、メンバーシャッフルをただ自由にさせるのみならず、意識的に、

①意見を異にする者同士に交流・議論させる。
②どのような意見をもつ人と交流するか、各自が選択できるようにする。

といった観点をもつと、〈シャッフルタイム〉が機能的で豊かになっていきます。

9

各自の見解を〈見える化〉する

二派に分かれているのではなく、もっと多くの意見がある場合はどうでしょうか。例えば、A・B・C・D・Eの五派討論だとしましょう。この場合であれば、Aを一、Bを二、Cを三、Dを四、Eを五とし、次のように指示します。

「では、これから〈シャッフルタイム〉に入ります。一斉に立ち歩きますが、その際、自分がAであれば指を一本掲げて、自分はAだよ～ということをアピールします。Bなら指二本でピース、Cなら三本、Dなら四本、Eならパーです。この手を高く掲げて振ります。これでアピールできますね。お互いに指サインを見合って、同じ意見の人と交流したい人はそれでもいいですし、『僕は自分のグループにB派がいなかったのでB派の意見が聞いてみたい』とか、『私はどう考えてもEだけは明らかにおかしいと思うのに、それを選んでる人がけっこういる。その人たちが何を考えてるのかもっと知りたい』なんてこともあるかもしれません。いずれにしても、自分の目的に応じて、交流相手を選んでください。自分はその人と交流したくても、相手はそうでないかもしれませんから、お願いするんだという意識を大切にね。では、時間は五分です。スタート！」

とにもかくにも、各自の見解を〈見える化〉することが重要なのです。

10 〈ギャラリー・トーク〉を援用する

〈グループワーク〉に「緩衝材」（模造紙やホワイトボードなど）がある場合には、グループを組み替えて、〈ギャラリー・トーク〉するというのも有効です。

「A派は窓側の前に、B派は窓側の後ろに、C派は廊下側の後ろに、D派は廊下側の前に集まってください。それぞれで三人から五人程度のグループをつくってください」

こうすれば、同意見のグループが出来上がります。

「はい、では、ここを起点にA派、B派、C派、D派と並んでください」

こう言って教室をぐるりと囲みます。八グループつくりたい場合ならこう言います。

「では、Aの人から一、二、三、四と番号を言っていきます。体育の集団行動の要領ですね。八まで行ったら一に戻ります」

こう言って、一番の人を集める、二番の人を集める……とすれば、意見を異にする「多様見解グループ」が八つできることになります。

目的に応じて、或いは子どもたちの交流活動の状況に応じてグループを組み替えて、前の〈ギャラリー・トーク〉の要領で交流させます。「緩衝材」は机に置いたままで構いません。立ち歩きでリラックスしながら、新鮮な発想が生まれます。

ALの技術／リフレクション

〈リフレクション〉が大流行しています。職員室でも普通に聞く言葉になってきています。一部には、「猫も杓子もリフレクション」などと揶揄する傾向もあるようですが、まあ、意識しないよりは意識した方が授業づくりが豊かになることは確かでしょう。

しかし、多くの〈リフレクション〉実践が効果をあげていないことも確かです。それは多くの「リフレクション」と呼ばれる活動が、今日の授業でやったことを記述するだけの「授業内容＋感想」に堕してしまっているからです。

子どもたちの目は、放っておくと必ずと言って良いほど、授業で行われた「活動」とそれに

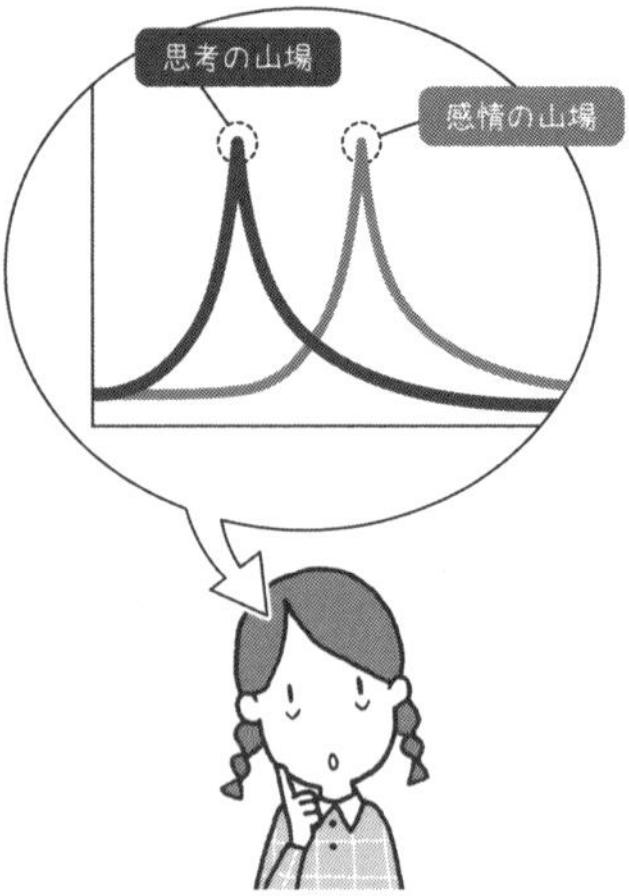

伴う自分の「感情」に向きます。「～をして楽しかった」「～をしていろんな意見があることを知った」という、よく学習記録表に見られるひと言感想がそれをよく表しています。これは、授業で行われた「現象」を書いているだけであって、その授業が自分にとってどのように「機能」したかという、本来〈リフレクション〉の対象とすべきレベルには至っていません。

ここでは、ＡＬ授業において、何を〈リフレクション〉の対象とするべきなのか、そのために何が必要なのかについて述べていきます。

ＡＬの技術／リフレクション

1 「学習記録表」は〈内省〉の名に値しない
2 「学習記録」を対象とすると形骸化する
3 〈リフレクション〉とは「メタ認知」である
4 「活動」ではなく「機能」を対象とする
5 〈問い〉の質を検討する
6 ＡＬ活動を因数分解する
7 課題が提示された際の心象を振り返る
8 他者の見解が提出された際の心象を振り返る
9 抽象化されていく際の心象を振り返る
10 当初の自分の見解が超えられた過程を振り返る

1 「学習記録表」は〈内省〉の名に値しない

各教科で「リフレクション」という名の、毎時間の学習記録が幅を利かせています。今日はかくかくしかじかに取り組んだ、楽しかった。或いは、今日はかくかくしかじかをやったのだがあまりうまくできなかった、次は頑張りたい。毎時間、二、三行で書かれるこうした学習記録が「主体的態度」の評価資料として用いられる。

学期末、こうした資料を読み返し、学期の反省を書かされる。分量は五行といったところか。毎時間の元ポートフォリオの「凝縮化」である。授業内容が書かれ、感想が書かれているだけだから、それを見通しても習ったことを通して眺められるだけで、自分の成長を振り返れるわけではない。決して、「深い学び」にはならない。そこに「学びの姿勢の調整力」など働くはずもない。

ましてや、そのシートを提出しなかった子どもの評価は、活動の実態にかかわらず低いものとならざるを得ない。教師がどのようなものを求めているかを察知することに長けている成績上位の子どもたちには、二、三行の記録も五行程度の反省もごくごく簡単なこと。ササササッと書いて提出すれば評価は高くなる。

これが〈リフレクション〉（=内省）の名に値するのか、甚だ疑問に思います。

2 「学習記録」を対象とすると形骸化する

これがＡＬ授業ということになると、「みんなと交流ができて楽しかった」「いろんな考え方があることを知った」「みんなのいろんな意見が聞けて勉強になった」といった記述になりがちです。そりゃそうです。ＡＬ活動は、みんなで交流しながら楽しく学習する授業形態なのですから。さまざまな考え方があることを知り、さまざまな意見を聞いて学ぶことが目指されているのですから。

楽しかった。知った。勉強になった。授業内容を紹介し、こうしたひと言感想を付け加えれば、一時間の学習記録は一丁上がりです。こうした定型で書けば文句は言われない、子どもたちもそれをよく知っています。それは私たちが勤務評定・人事考課の目標シートに何をどのように書けば文句を言われないかをよく知っているのと同じです（笑）。おそらく子どもたちも、私たちがそうであるであるように、「こんなことやったってあまり意味ないよな。ただ事務仕事が増えてるだけだ」といったニュアンスのことを考えているのかもしれません。声には出さないまでも。それもまた、私たちが「こんなの無駄だよ」と校長に声に出して言わないのと同じです（笑）。

短い学習記録を〈リフレクション〉とすると、まず間違いなく形骸化します。

3　〈リフレクション〉とは「メタ認知」である

ＡＬ活動として〈リフレクションタイム〉を設けることもあります。〈グループワーク〉を終えた後に、今日の交流・議論を振り返りなさい、というわけです。

ここでも多くの場合、〈リフレクションタイム〉は感想の交流になりがちです。「このメンバーで交流ができて良かった」「いろいろ苦労したけど、最後には結論がまとまって嬉しかった」「いろんな考え方があるんだなあとわかって、勉強になった」といった感想が述べられます。そりゃそうです。そういう場を設定しようと〈グループワーク〉が行われているのですから。

〈リフレクション〉には、「メタ認知」が必要です。「メタ認知」とは、「『認知についての認知』という意味であり、自分自身の認知能力を把握したり、認知過程をモニターし制御すること」（『グラフィック認知心理学』サイエンス社）と定義されます。ここで重要なのは、「メタ認知」が①「自分自身の認知能力を把握」すること、②「認知過程をモニターし制御すること」という二つの要素が挙げられている点です。

「学習記録表」と〈リフレクションタイム〉に多く見られる現象を批判的に述べてきましたが、これらにはこの二つがないから機能していないのです。

4 「活動」ではなく「機能」を対象とする

では、なぜ、多くの「リフレクション」と呼ばれる実践は「メタ認知」の機能を果たしえないのでしょうか。

それは結論から言えば、「学習記録表」や「リフレクションタイム」で行われていることが、「活動の紹介＋感想」になっているからです。〈リフレクション〉に「メタ認知」としての機能をもたらそうとすれば、そこで紹介されるべきは「活動」ではなく「機能」であり、話し合われた「現象」ではなく「思考過程」でなくてはならないのです。この「活動がどのように機能したか」「そこで自分はどのような思考過程を経たか」を対象にして、初めて〈リフレクション〉は「自分自身の認知能力を把握したり、認知過程をモニターし制御すること」として起動し始めるのです。

ＡＬ活動には、まず「第一次自己決定」をし、交流が始まったら「リストアップ」し、それぞれの共通点と相違点を分析し、「フリーディスカッション」でさまざまに検討し、場合によっては「シャッフルタイム」で更なる情報を集め、この一連の過程で得た情報をもとに総合的に最終判断を下すという過程があります。そのそれぞれの段階で自分はどのように思考したか、どのような変化の過程を経たか、それが「機能」なのです。

5 〈問い〉の質を検討する

私は前節「ALの技術／シャッフルタイム」において、〈ワールド・カフェ〉の指導言を紹介しました。〈ワールド・カフェ〉のシステムについて、各段階での意味・意義を読者の皆さんに理解していただこうという趣旨です。〈ワールド・カフェ〉は〈シャッフルタイム〉を構造的に内在しているシステムですから、前節には適していたわけです。

しかし、「システム」を追うことは、実は「活動」を追うこと、「現象」を追うことにすぎません。ここで参加者の「思考過程」を追って、参加者にどのように「機能」したかを分析するとなると、〈問い〉の質が重要になってきます。

前節で紹介したラウンド1～3の〈問い〉をいま一度見てみましょう。

【ラウンド1】	もしも学校がなかったとしたら、私たちはどんなことに困るでしょうか。
【ラウンド2】	結局、学校の良さって何なのでしょう。幾つかにまとめてみましょう。
【ラウンド3】	「より良い学校教育にするための三つの提案」をつくってみましょう。

いま一度、三つの〈問い〉を読み返してみてください。この〈問い〉がどのような構造

で並んでいるか、〈ラウンド1〉から〈ラウンド3〉へと進むにしたがって、どのような思考過程を経ることが求められているか、そうした視点で読み返すのです。

すると、〈ラウンド1〉は「第一次自己決定」において、この〈問い〉に対する答えを各自が三つ挙げ、それを付箋に書くことが求められています。〈ラウンド1〉が始まると同時に、各自がそれらの付箋を模造紙に貼付しながら、自分の挙げた三点を説明します。一周すると四人が三つずつ、「もし学校がなかったらどんなことが困るか」について合計十二の観点が提示されるわけです。もちろん、それがなぜ、学校がないことによって困ることにあたるのかという所以も表出されるはずです。これが私が繰り返し述べてきた〈リストアップ〉の機能をもつことがおわかりかと思います。

その後、〈ラウンド1〉では、学校がなくて困ることの十二の観点の共通点や相違点が検討され、幾つかに分類されていきます。各自が挙げた十二の観点が抽象度の高い幾つかの観点にまとめられていくわけです。

席替えの後、〈ラウンド2〉では発想を反転させて、「学校の良さとは何なのか」が検討されます。学校がなくなって困ることがあるということは、それは取りも直さず、学校というものがその困り感を抱かせないような「良い機能」をもっていることを意味していますす。それを幾つかの観点にまとめてみようという営みです。

ここでも、学校機能の抽象化が行われ、幾つかの観点に分類されていくはずです。しかも、〈ラウンド2〉は〈メンバーシャッフル〉をしていますから、〈ラウンド1〉に比べてはるかに広い視野で検討されることになります。ここでの四人は〈ラウンド1〉での各グループでの検討を経て集まっているわけですから。ここで参加者各自が、〈ラウンド1〉での自分たちの検討の視野の狭さに気づかされます。ここにこそ「メタ認知」、つまり〈ラウンド1〉における自分たちの「認知に対する認知」が拡大するわけです。これは〈メンバーシャッフル〉が行われないと絶対に起こらない現象です。

ここまで来れば、再び自グループに戻っての〈ラウンド3〉は割と簡単に機能します。参加者は〈ラウンド1・2〉において既に、かなり深く検討し、しかもそれを広げられるという体験を経ていますから、「学校教育をより良い学校にするための三つの提案」をつくるという作業は、更なる抽象化の過程を経なければならないとはいえ、もはやこれまで考えてきたことを「言葉にしてみる」ことが求められているだけなのです。

この〈ワールド・カフェ〉には、こうした思考過程が想定されています。

6 AL活動を因数分解する

一般に「AL授業」という場合、音声言語による小集団交流にしても文字言語による交流・議論にしてもICT機器を用いての交流・議論にしても、「AL活動」が行われているその「活動」自体が総合として捉えられています。

しかし、ALによって子どもたちにどのような思考が促されたか、どのような思考が現象したかという「機能」として捉えなおそうとした場合、「AL活動」はいま私が〈ワールド・カフェ〉を例にして行ったように、各段階、各過程を「分解」しなければ捉えられないのです。私はこれを、「AL活動を因数分解する」と言っています。

「AL活動」を因数分解してみると、それぞれの因数段階で子どもたちの思考がどのように展開されるか、展開され得るかということが見えてきます。いまの〈ワールド・カフェ〉で言えば、参加者はまず、「第一次自己決定」で思い付くままに「学校がなくなって困ること」を挙げていきます。三つと言われているのでそれを三つに絞ります。拡散思考と収束思考が必然的に行われるわけです。これをスタートとするからこそ、ラウンドが進んでいくにしたがって、個人では考えもしなかった分析が次々に出てくるわけですから抽象思考も活性化していくのです。

7 課題が提示された際の心象を振り返る

「ＡＬ活動を因数分解する」と、〈リフレクション〉においても何を対象とすべきかが見えてきます。

まず、いかなるＡＬ授業においても〈リフレクション〉の対象として相応《ふさわ》しいのは、課題が提示されたときの自らの心象です。「なるほど、それは考えるに値する課題だ」と肯定的な印象を抱いたのか、それとも「それは本質的な問題じゃないよ」と否定的な印象を抱いたのか、そして「それはなぜか」と自己分析することです。

また、「そんなこと考えたこともなかったよ」と思ったとしたら、それはその子にとって「学び」として大きく機能したことが理解されます。それはその課題によって、〈自分を超えるもの〉と出会ったことを意味するからです。そうすると、なぜ自分はこれまでそれを考えてこなかったのか、グループの中にそれを問題意識としてもっていたメンバーがいたとしたら、自分とその人とはものの見方や考え方の何が違ったのか、といったことが検討せざるを得なくなります。

「メタ認知」を促すような〈リフレクション〉とは、こうした細かいレベルで検討されて、初めて機能するのです。活動を因数分解しなければならない所以です。

8 他者の見解が提出された際の心象を振り返る

〈リフレクション〉の対象とすべき要素の第二は、「他者の見解が提出された際の心象」です。これはAL活動の冒頭に〈リストアップ〉が行われたときと活動の半ばで〈シャッフルタイム〉が行われたときと、顕著な機会が二つあります。

AL活動が始まる以前の「第一次自己決定」の段階では、多くの子どもたちが課題について深く考えたうえでの見解というよりも、「その課題ならこれかな」という思い付き程度のものを幾つか挙げることになります。その課題について日常的に問題意識をもっているのでない限り、それは仕方ないことです。

しかし、AL活動の冒頭で〈リストアップ〉が行われる際には、他者の挙げる見解を驚きをもって迎えることになります。それぞれがそれぞれに思い付き程度のものを挙げているにもかかわらず、自分にはなかった見解、自分には思い付けなかった思い付きが次々に提出されるのです。実はここで、今後そのAL活動に取り組んでいく「思考のフレーム」が初めて出来上がります。

また、〈シャッフルタイム〉は、そうして出来上がった「思考フレーム」が〈倒壊〉することを意味しています。しかも、その倒壊した「思考フレーム」は、交流・議論が進むうちに再び〈再構成〉されていくことになります。つまり、〈シャッフルタイム〉とは、自らがＡＬ活動に参加してきて出来上がった「思考フレーム」の〈倒壊〉と〈再構成〉とが必然的に起こる時間帯なのです。

多くの場合、子どもたちはＡＬ活動の〈山場〉を結論を出す最後の段階だと捉えています。これまで検討してきたことが一つの結論に昇華していく、難しいと思われた課題だったのに時間をかけ仲間と協力することによって幾つかの提案が出来上がる、その瞬間の喜びが子どもたちを捕らえます。そこが一番楽しい瞬間であることは確かでしょう。

しかし、それは「感情の山場」であって「思考の山場」ではありません。楽しいこと、嬉しいこと、盛り上がったところ、そうしたポジティヴな場面に多くの人は惹きつけられます。それが「楽しかった」「嬉しかった」「みんなの意見を聞けた」「いろいろな意見があることを知った」というひと言感想が子どもたちからも出るのです。しかしそれらは、あくまで「活動」「現象」に目を向けての感情的な〈山場〉に過ぎないのです。なぜその「感情的な山場」に到達し得たのか。それは間違いなく、それ以前の、ある種の苦しみを伴っての「思考フレームの〈倒壊〉と〈再構成〉」とがあったからなのです。

子どもたちが最も高揚したのは「感情の山場」かもしれません。しかし、子どもたちが最も変化したのは、間違いなく「思考の山場」なのです。

私は〈リフレクション〉活動において、よく、

> 感情の山場と思考の山場の二つを振り返りなさい。

と指示します。子どもたちは「感情の山場」はこの場面だったけど、「思考の山場」はここだったねと振り返ることになります。

そしてここが重要なのですが、「感情の山場」は直感的に判断してそれ以上考えようとしませんが、「思考の山場」については「なぜそこが〈山場〉と言えるのか」という理由を考えるようになるということです。或いは、「思考の山場」の候補としては、「ここところこがあった」「どちらがより大きな〈山場〉と言えるのか」と検討することになるのだということです。この機能こそが、ＡＬ授業における「メタ認知」なのです。

「楽しかった」「嬉しかった」「みんなの意見を聞けた」「いろいろな意見があることを知った」は、「活動」であり「現象」を振り返っているに過ぎないのです。ＡＬ授業が「機能したか否か」を決めるのは、自分たちの思考が迷い、戸惑い、迷路に入り込んでなんとか脱していく、その過程にこそあります。この「思考の山場」に目を向けてこそ、初めて〈リフレクション〉も機能するのです。

9 抽象化されていく際の心象を振り返る

ＡＬ活動が〈リストアップ〉から始まれば、必ずそれらの共通点・相違点が検討されることになります。そこで行われているのは、それぞれの要素がどのように結びついているか、どのように対立しているかについての分析です。実はここにも、機能的な〈リフレクション〉の芽があります。

事象Ａと事象Ｂとの結びつきや対立というものは、ＡとＢはこういう点で共通している、ＡとＢとはこういう点で対立している、といった理由とともに検討されます。ここで大事なのは、「こういう点で」というときのその観点です。事象Ａ・Ｂの共通点・相違点を検討するという場合、ある観点では共通しているがある観点ではそうとは言えない、ある観点では対立しているがこの観点では共通点も見られる、といったことがよくあるのです。国語科の物語の授業ではもちろん、社会科や道徳でもこうした思考が展開されることはよくあります。

私は子どもたちに、「自分たちの中で〈場合分け思考〉が始まったら、それは宝だ」とよく言います。〈場合分け思考〉には必ず「メタ認知的思考」が伴われます。こうした〈場合分け思考〉が行われた場面も〈リフレクション〉の重要な対象なのです。

10 当初の自分の見解が超えられた過程を振り返る

ＡＬ授業の目的は、他者との交流・議論を通して、自分の意見が深まったり広がったりすることです。或いは、自分がもっていたものの見方・考え方の傾向の不備・不足を自覚し改めることです。少し大袈裟に言うなら「自分の認知の在り方」を〈再構成〉することとも言えるかもしれません。私はこれを、「〈自分を超えるもの〉と出会う」という言い方をしています。

これは自分が知らなかったことを知るとか、自分ができなかったことをできるようになるとかいった、「教科書学力」的な学びとは次元を異にしています。私の言う〈自分を超えるもの〉とは、自分の思考過程や考え方の傾向を「メタ認知」したうえで、これまでの自分の思考傾向を自覚し、それを〈超えるもの〉と出会うという意味です。これまでの自分の「死角」に気づくことと言ったらわかりやすいでしょうか。

もちろん、そう度々あることではありませんが、もしもそうした体験が今日あったとしたら、それは間違いなく、〈リフレクション〉の対象とし、できればその経緯を他の人たちにも伝える価値のある大きな出来事です。「主体的・対話的で深い学び」の名に値する、「主体的態度」や「学びの姿勢の調整」の名に値する、最高峰の学びなのです。

ＡＬの技術／パーソナライズ

いかにＡＬ授業が大流行しようと、いかにＡＬ授業が理念的に今日的であると判断されようと、〈学び〉というものは最終的には「個人」のものです。言い換えるなら、いかに集団として素晴らしい交流・議論が成立したとしても、そこでの〈学び〉を将来に活かしていくのは子どもたち一人ひとりなのだということです。

いまだに小集団でテストを受けるという受験システムがないことがそれを証明しています。いかに成果を挙げたゼミであっても、企業がそのゼミのメンバーを一括採用したという例も聞きません。ＡＬはあくまで、そこに参加する構成メンバー一人ひとりに〈学び〉を成立させ、

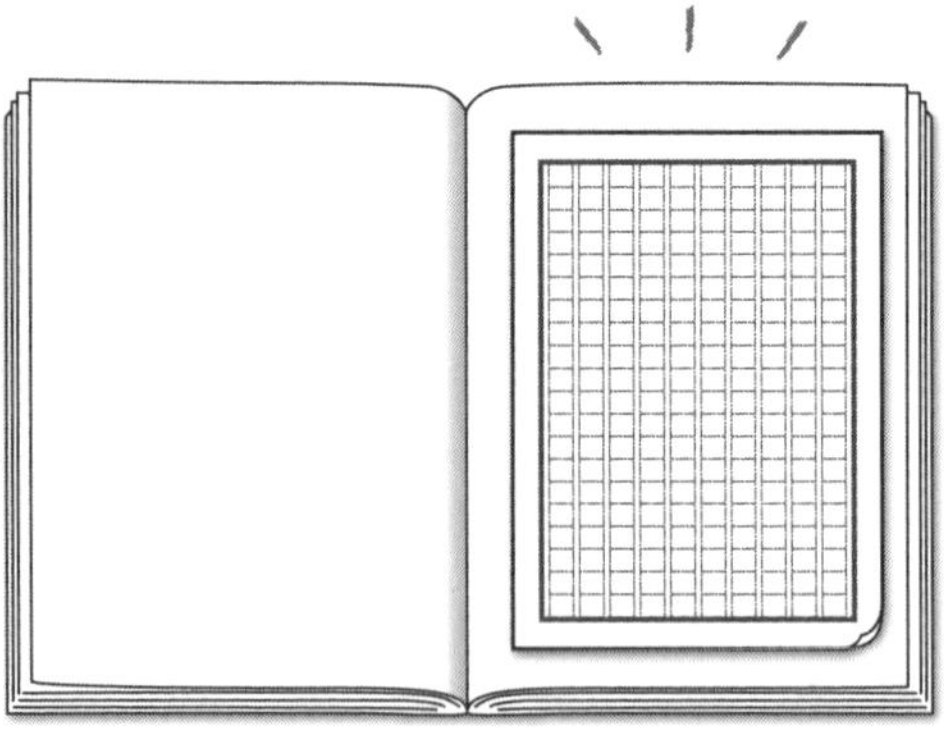

成長させるための〈ツール〉なのだということです。

とすれば、AL授業の中に、AL活動を中核とする指導計画の中に、個人の成長を促したり自覚させたりという機能が配置されることは必然です。

ここでは、〈パーソナライズ〉と題して、AL型の学習に取り組む中で、どのように「個人の〈学び〉」を自覚させ、促進するかに焦点を当てます。これをお読みいただいたうえでもっと詳しく知りたいという方は、拙著『一斉授業一〇の原理・一〇〇の原則』（学事出版・二〇一二）を御参照いただければ幸いです。

ALの技術／パーソナライズ

1 「学び」は最終的に個人のものである
2 「パーソナライズ作文」が王道である
3 〈ルーティンワーク〉として位置づける
4 「規模」を定める
5 一定の記録媒体をつくり散逸させない
6 「活動内容」ではなく「学び」を書かせる
7 抽象化よりも具体化を奨励する
8 作文技術の課題を与える
9 「凝縮ポートフォリオ」化する
10 学習内容・学習活動と連動させて記録する

1 「学び」は最終的に個人のものである

ＡＬ授業は、①活動的であること（ワークショップ型）、②対話的であること（協同学習型）、③思考促進的であること（ファシリテイト型）、④内省的であること（リフレクション型）であるという四つの特徴をもっています。そのために、さまざまなＡＬ活動システム（〈グループワーク〉や〈ディベート〉、〈ワールド・カフェ〉といった交流形態）があり、さまざまな思考促進媒体（ワークシートや模造紙、ホワイトボード、ＩＣＴを伴う記録媒体）を駆使することになります。どれもこれも、子どもたちの〈学び〉を機能させるための大きな効果をもつ、重要な要素でありツールです。

しかし、一つだけ確認しておきたいことがあります。それは〈学び〉というものが最終的には〈個人〉のものである、ということです。その意味で、〈グループワーク〉にしても体験活動的な〈ワークショップ〉にしても、最終的には、子どもたち個人個人に自分自身の〈学び〉を確認させることが大切です。私はこれを「〈パーソナライズ〉の原理」と呼んでいます。

多くの教師が「学習記録表」を記入させるのも、評価・評定に使いたいという現実的な要請はあるとはいえ、基本的には「〈パーソナライズ〉の思想」に基づいています。

2 「パーソナライズ作文」が王道である

〈パーソナライズ〉とは例えば、その一時間の〈学び〉を子どもたち一人ひとりに自覚させることを意味します。その一時間の指導事項が〈知識〉である場合には簡単な「たしかめテスト」を行う。その一時間の指導事項が〈技術〉である場合には実際にその〈技術〉を使わせてみる。そうすることによって子どもたち一人ひとりがその一時間の自分自身の〈学び〉を自覚化できる。ごくごく簡単に言えば、授業の最後にそういう機会を設けることが最も効果的です。

しかし、子どもたちが〈学び〉を自覚するのに最も良い方法は、やはり〈作文〉だと言えるでしょう。その一時間の課題に対して自分自身がどう考えたのかを作文に書く、或いはその一時間の自分自身の〈学び〉を作文として表現してみる、それが王道です。

それほど長い作文である必要はありません。小学校中学年で百字程度、高学年から中学生にかけてが二百字程度、私はそのくらいが目処だと考えています。それ以上になると時間がかかりすぎてしまい、最後の〈パーソナライズ作文〉が授業時間を浸食しすぎることになります。また、もちろんこの作文は、原稿用紙を相手に手書きでというものではありません。端末に記録するのはもちろん、場合によっては音声記録でも構いません。

3 〈ルーティンワーク〉として位置づける

毎時間の最後には必ず短作文を書く。

四月からこれを〈システム〉として位置づけることが必要です。年度途中から始めようとすると、子どもたちは抵抗感を抱くことになりますから、四月から継続的に行い、「そういうものなのだ」と思わせてしまうことがコツです。

また、やったりやらなかったりというムラがあるのもよくありません。〈ルーティンワーク〉という響きにはあまり良い印象がありませんが、必要なことに毎時間コツコツと取り組むことは「偉大なる〈ルーティンワーク〉」として効力を発揮するものです。むしろ毎回取り組んでいると、それを書くことによって「授業が終わった感」とでも言うべき、一つの節目として機能するようになります。

授業における〈ルーティンワーク〉、もっと言うなら学校教育における〈ルーティンワーク〉を軽視してはなりません。毎朝の日直によるスピーチや放課後・昼休みに行われる清掃活動が、子どもたちにとってどれだけの教育効果を示しているかを考えれば理解されることです。〈ルーティンワーク〉は、当然のようにそこにあることによって、目に見えない効力を発揮するのです。

4 「規模」を定める

先ほど、中学年で百字程度、高学年・中学生で二百字程度という目処を示しました。表現というものは「規模」を決めることが重要です。何分しゃべっても良いスピーチや何枚書いても良い作文は、表現を冗長にするだけです。表現が冗長であるということは、実は思考内容もまた冗漫であることを意味しています。

一般に長くしゃべれたり長く書けたりすることは基本的に良いことだというイメージがありますが、そのような能力は実は社会ではほとんど評価されません。決まった規模の中で過不足ない内容をわかりやすく伝える力、そういう能力こそが求められているのです。したがって、二百字なら二百字と決めたら、そこからあふれることは禁止とするくらいが良いのです。私は子どもたちに、一八一字以上二百字以内と言って書かせることにしています。要するに、二百字詰め原稿用紙の最後の行、原稿用紙で十行目に入れば良し、あふれてはならない、という規模です。

例えば中学一年生であれば、この規模の短作文なら、毎回取り組んで二、三か月後には四分程度で書けるようになります。慣れてくると、書き方を工夫し出す子どもも多数現れます。

5 一定の記録媒体をつくり散逸させない

〈パーソナライズ〉を目的とした作文は、ノート指導と連動するのが良いでしょう。

例えば、毎時間の短作文をノートに貼るとか、ファイルを用意して毎時間の短作文を綴じ込むとか、毎時間の〈パーソナライズ作文〉を一冊のノートに記述していくとか、ICT記録媒体に記入していくとか、いずれにしても一定の記録媒体に散逸しないように記録していくのです。

私の場合は国語科なので、二百字詰め原稿用紙に手書きさせ、それを一度提出させ、検印が押されて返却された後にノートに貼らせるというシステムを採用しています。ノートは一時間で見開き二頁（大学ノートを上下に開いて縦書き）を使うので、授業での活動メモを上の頁に、言語技術等の指導事項を下の頁の右側に書き、〈パーソナライズ作文〉を下の頁の左側に貼るというノート構成を採っています。要するに、〈パーソナライズ作文〉をノート指導と連動させているわけです。

こうすることで、一時間の授業でどんな学習活動に取り組み、その活動にはどんな意味・意義があり、そこで自分はどんな学びを得たのかという三点が、ノート見開き二頁で一望できるという構成になります。私の国語科授業の「核」の一つです。

6 「活動内容」ではなく「学び」を書かせる

〈パーソナライズ作文〉は子どもたちにとって〈学び〉の証でなくてはなりません。その意味で、前節〈リフレクション〉でも詳しく述べた通り、授業の活動内容を書いたのでは意味がありません。「活動＋感想」ではなく、あくまでその授業でその時々に何を考えたのか、その時々に何を学んだと自覚したのかといった、授業が自分にどう「機能」したかを書くわけです。

稚拙な言葉で構いません。最初のうちは、「書いているうちにわからなくなってきた」というようなことも起こります。まだ思考がまとまっていなくて、書けなかったということさえあるでしょう。しかし、それはそれで良いのです。その子どもにとっては、それこそがその一時間を過ごしたことの内実なのですから。

「今日は○○について習いました。みんなのいろいろな意見を聞いて、とても勉強になりました。次もこんなふうに楽しく参加できるように頑張りたいです」なんていう空虚な言葉を連ねるよりも、ずっと生産的で創造的です。「生産」や「創造」の前には、必ず偉大なる「沈黙」や「葛藤」があるものです。むしろそうした段階があることは必然であり、あるべき姿に近いとも言えるのです。

7 抽象化よりも具体化を奨励する

お気づきでしょうか。子どもたちの作文というものは、学年が上がっていくほどに内容が「抽象化」していきます。難しい言葉を使い、片仮名語を用いると、自分の実生活から遊離した言葉を使いがちになるのです。まわりの環境（家族や教師を含む）が「発達段階が上がってくるにしたがって、抽象的で難解な熟語で本質的なことを書くことが良いのだ」というメッセージを無意識裡に投げかけているからだと私は捉えています。読者の皆さんはこの構造にお気づきでしょうか。

しかし、〈学び〉とはそういうものではないのです。そうではなく、「この授業のこの場面で何が起こったか」「Aくんと意見が対立し、議論を闘わせることで何が明らかになったのか」「この主人公の言動は認められないが、自分だったらどうするか」「今日明らかになったこの原理は自分の生活のここに使えるのではないか」等々、「学び」とはその子自身の中で「具体的」に起こるのです。

だとしたら〈パーソナライズ作文〉も、その目的から言って、具体的であれば具体的であるほど良いということになります。迷っているならここを迷っていると、わからないならここがわからないと、素直に正直に書けば良いのです。

8 作文技術の課題を与える

できれば、作文技術の課題を与えながら書かせると効果的です。それもひと月に一つくらいの割合で、ゆるやかに課題を与えていくのです。子どもたちの作文力がぐーんとアップしていきます。

私の場合、四月は「一文を短く！」、五月は「最初に結論をスバリ！」、六月は「ナンバリングで論拠を二つ以上！」のように、キーワード型の課題を与えながら書かせるようにしています。月ごとの課題がはっきりしていると、標語を書く観点も定まり、評価もしやすくなります。

もちろん、四月の課題をクリアしていない子には、「今月も『一文を短く』ね」というようなことがあり得ます。文章を綴るということには、個人個人の書き癖みたいなものが色濃くあって、なかなかその悪い癖を打開できないということがよくあります。特に私が六月の課題として挙げる「論拠を二つ以上」というのは、最近の子どもたちにとってはかなり難しいことであるようで、定着するのに何か月もかかるという年度が何度もありました。ただし、「一度定着すると二度ともとに戻らない」というタイプの学力でもあるので、時間がかかっても取り組むに値する課題ではあることは確かです。

9　「凝縮ポートフォリオ」化する

こうした〈パーソナライズ作文〉が蓄積してくると、その一連の短作文を読み通してみることができるようになります。私の経験で言うと、短ければ一か月（時数の多い国語科の場合）、長くても三か月もあれば、子どもたちの作文は自分の成長を自覚できる程度の変化を示します。ここで、「元ポートフォリオ」を「凝縮ポートフォリオ」化する学習活動を仕組むことになります。

私の場合は概ね、二か月程度の〈パーソナライズ作文〉を読み返して、どのような学び、どのような変化があったかをノートに列挙、その後にそれらの項目を抽象化して幾つかにまとめ、その中の「一番の学び」と「二場面目の学び」とを四百字程度の作文にまとめるという手法を採っています。これは私の国語教室では「リフレクション作文」という名で、子どもたちにも定着しています。

この際、最も有効な学習として機能しているのは、間違いなく各時間で綴られた〈パーソナライズ作文〉を読み返すという学習活動です。それは、自分はどのように思考する傾向があるのか、自分の思考はどれだけ具体的に書かれるようになってきたか、自分の作文技術はどれだけ高まったか、そうしたことを自己評価することを意味するからです。

10 学習内容・学習活動と連動させて記録する

道徳授業におけるワークシートを思い浮かべてください。多くの学校でワークシートのフォーマットが決まっていて、同じ様式で書いた一時間一時間の記録が個々人でファイリングされているはずです。そして学期に一回程度、子どもたちがすべてのワークシートを読み返して〈凝縮ポートフォリオ〉化し、教師はそれをもとに道徳の評価をする。そういうシステムになっているのではないでしょうか。

このとき、子どもたちはまず間違いなく、最後に書かれた〈パーソナライズ作文〉や自己評価のみを見ているのではなく、それ以前に幾つかの発問に答えて書いた際の自分の記述を読んでいるはずです。それを通して、「ああ、この時間はこう考えたのだった」と想起しているはずなのです。つまり、学習内容や活動内容と〈パーソナライズ作文〉とが一体化しているからこそ、このシートは機能しているわけです。

実は、〈パーソナライズ作文〉を学習記録表シートやＩＣＴ端末の記録媒体に独立させて記入していくと、この学習内容や学習活動と照合することができるという機能が失われるのです。〈パーソナライズ作文〉が独立していると、確かに教師が評価するのには便利かもしれませんが、当の子どもたち自身にとっては機能しづらいものになります。

ＡＬの種類

ＡＬ授業を実践するというとき、その機能性を高めるには、実際にＡＬ活動にはどのような種類があるのかを知ることが有効です。しかも、それぞれのＡＬ活動がどのような機能を目指しているのか、そして取り組むうえでどのような条件が前提とされているのかを知らなくてはなりません。

これを知ることで、例えば四人グループでの〈グループワーク〉にバリエーションをつくろうとする場合に大きく役立ちます。ある機能を取り入れることによって、ある機能が失われる。ある機能をもたせることによって、ある機能が機能しづらくなる。さまざまなＡＬ活動システ

ムは、そうしたさまざまな機能の「優先順位」を理解したうえで、ある機能に特化して開発されている場合が多いのです。その優先順位にしたがってのバランスの取り方、システムとしてのパッケージングの仕方、ＡＬ活動の種類を知ることは、そうした発想を学ぶことなのです。

ここでは、ごくごく簡単にしか紹介できませんので、詳細は拙著『教室ファシリテーション一〇のアイテム・一〇〇のステップ』（学事出版・二〇一二）を御参照ください。

ここで紹介している十のアイテムについて、追試可能な形で、取り入れる方法のステップを紹介しています。

ＡＬの種類

1　ペア・インタビュー
2　ペア・ディスカッション
3　グループ・ディスカッション
4　マイクロ・ディベート
5　ロールプレイ・ディスカッション
6　ブレイン・ストーミング
7　ワールド・カフェ
8　ギャラリー・トーク
9　パネル・チャット
10　オープン・スペース・テクノロジー

1 ペア・インタビュー

〈ペア・インタビュー〉は最も基礎的なAL活動の一つです。指導時期を選ばず、AL授業に取り組む「構え」をつくるのにも適しています。にもかかわらず、本格的な「インタビュー」の過程を学ぶことができ、学校行事や総合的な学習の時間（特にキャリア教育）など応用範囲が広いのが特徴です。教科の授業ばかりでなく、特別活動でも行うことができます。典型的な例としては、年度当初、学級開きにおける「他己紹介」の例です。

【目的】

①年度当初の自己（他己）紹介活動を楽しく充実したものにする。
②年度当初からペア学習を導入することによって、学級に協同的な雰囲気をつくっていくための布石とする。
③成果をたたえ合うことによって、認め合う雰囲気をつくっていく一助とする。
④「総合的な学習時間」をはじめとするさまざまなインタビュー活動の基礎を学ばせる。

【準備】

①ワークシート

【典型的な流れ】

①アイス・ブレイキング

②インストラクション（ゴールの共有）

③自己PR書き込みシートの記入

④取材コンテの作成

⑤ペア・インタビュー活動&メモ

⑥他己紹介カードの記入（キャッチ・コピー＋本文）

⑦成果の交流・シェアリング

【留意点】

学級づくりと連動させて、できるだけ男女ペアで行うのが望ましい。年度当初に教科担任に対する〈グループ・インタビュー〉に発展させていくと盛り上がる。

【使用上の注意】

子どもたちの家庭の事情や身体的な特徴など、訊かれたくないことについては避けるように指導しなければならない。

2 ペア・ディスカッション

〈ペア・ディスカッション〉（「ペアトーク」とも呼ばれる）は、気軽に簡単に導入することができ、取り入れると、一瞬にして学級集団の空気を温める効果もあるので、〈アイス・ブレイキング〉として用いることも可能です。空気を温めるのみならず、ＡＬ活動における思考過程の基礎を体験させることもできます。

【目的】

①さまざまなＡＬ活動に先駆けて、他人と交流することの楽しさを知るとともに、温かい雰囲気を醸成する。
②企画案を充実させるための段階について学ぶ。
③さまざまな〈コミュニケーション・ツール〉〈オープン・クエスチョンや１Ａ３Ｑ、ウェッビング、マンダラなど〉に使い慣れる。
④〈シェアリング〉の機能を知り、今後、さまざまな場面で使えるように、最も取り組みやすい二人での〈シェアリング〉体験を積む。

【準備】

①ウェッビング、マンダラ、マトリクスなどのワークシート
※慣れてくると、場合によってはＡ３判白紙で行う。
※アイディアを書きためておくための付箋紙を用意するとなお良い。

【典型的な流れ】
①ウェッビングによる拡散
②マンダラによる整理
③マトリクスによる実現性と楽しさ・興味深さの検討
④プライオリティの検討
⑤プランニング（プランの決定）
⑥シェアリング

【留意点】

学級づくりと連動させて、できるだけ男女ペアで行うのが望ましい。じっくりと時間をかけて行わせるのが良い。


【使用上の注意】

〈ペア・ディスカッション〉の効果は、授業の冒頭や朝の学活などでモジュール的に取り組むと高くなる。

3 グループ・ディスカッション

〈グループ・ディスカッション〉は、本書では主として〈グループワーク〉と称してきた四人グループでのＡＬ活動のことです。最も基本的なＡＬ活動であり、時間の規模も短時間から長時間まで対応できるうえに、コミュニケーション・スキルの指導にも適していきます。さまざまなバリエーションへと発展させることも可能ですので、たいへん使い勝手の良いＡＬ活動の代表とも言える手法です。

【目的】

①授業や学級活動においてコンパクトな交流を高い頻度で仕組むことによって、他者と交流することの楽しさを知るとともに、温かい雰囲気を醸成する。

②高い頻度で他者と交流することによって、他者の意見を参考にしながら、或いは他者に触発されながら課題解決に至る経験を重ねる。

③自らの意見と他者の意見とを常に区別しながら思考する（赤ペンによる色分け）ことによって、小集団交流の意義を実感する。

④〈第一次自己決定〉と〈最終的な整理〉における自己の変容を自覚することによっ

て、他者との交流の意義を理解する。

【準備】

①特になし。場合によっては、前節で紹介した〈コミュニケーション・ツール〉やA3判用紙、模造紙、ホワイトボードなど。

【典型的な流れ】

①個人による第一次自己決定

②各々による意見表明

③フリー・ディスカッション

④意見発表 or 作文 or シェアリング

【留意点】

学級活動ではできる限り頻度高く導入して、小集団交流を行うことが当然であるという雰囲気を醸成したい。授業でも毎時間導入することで、授業の質を高めることに大きく寄与する。

【使用上の注意】

一学期は〈グループ・ディスカッション〉のみで良いが、二学期以降はマンネリ打破のために他の手法と併用するなど、さまざまに工夫することが望ましい。

4 マイクロ・ディベート

〈マイクロ・ディベート〉は、ある論題について賛否の役割を分担し、相手を論破することを目指して展開されるゲームです。ゲームの後に、どのような要素があれば「よりよい説得」になったかを〈リフレクション〉することによって〈学び〉を成立させます。メリット・デメリットを検討することによる思考訓練にも適しています。

【目的】

①論題について賛否双方の立場から議論してみることによって、多角的なものの見方・考え方を学ぶ。

②〈ジャッジ〉を経験することによって、メリットとデメリットの相関について考え、多角的な判断力の育成に培う。

③自らの意見と他者からの学びとを常に区別しながら思考する〈赤ペンによる色分け〉ことによって、小集団交流の意義を実感する。

④調べ学習や意見文の執筆など、さまざまな学習方法、学び方があり、それらに総合的に取り組むことが必要であることを実感する。

【準備】

①ワークシート

②ストップ・ウォッチ

【典型的な流れ】

①マイクロ・ディベートの意義の理解

②論題の提示

③論拠の列挙

④マイクロ・ディベート・ゲームの体験

⑤調べ学習

⑥再び、マイクロ・ディベート・ゲームの体験

⑦意見文の執筆

【留意点】

〈マイクロ・ディベート〉の各段階は、一つ一つ静かにさせて区切る必要がある。次の段階へと進んでも一人の人間がしゃべりっぱなしということは絶対に避ける。

【使用上の注意】

勢いのある話し方をする者が相手を圧倒する場合があるので、留意する必要がある。

5 ロールプレイ・ディスカッション

〈ロールプレイ・ディスカッション〉は「役割演技」による議論によって、一定の立場におけるものの見え方・考え方を体験してみる試みです。いわゆる「模擬裁判」のような構造を思い浮かべるとわかりやすいかもしれません。

【目的】

①さまざまな役割について〈ロールプレイ〉で体験的に学ぶことによって、立場の違いによる共通点・相違点を考え、多角的なものの見方・考え方を学ぶ。

②楽しく身近なネタで〈ロールプレイ〉をすることによって、〈シェアリング〉に本音ベースの基盤をつくる。

③〈観察者〉を設定した〈シェアリング〉によって、日常会話における話し方・聞き方について、「会話の雰囲気づくり」や「情の喚起」といった即時的なコミュニケーションの条件について考える。

④対比・類比による学習が理解を深め、思考を深めるということを体験的に学ぶ。

【準備】

①ワークシート
②ストップ・ウォッチ

【典型的な流れ】
①ロールプレイ・ディスカッションの意義の理解
②設定の提示
③ロールプレイの準備（心構えをつくる）
④役割カードによるロールプレイ
⑤シェアリング
⑥感想の執筆
⑦感想の交流

【留意点】

ペアで行う簡単なものは年度当初から導入して、〈シェアリング〉に慣れさせるために用いると良い。


【使用上の注意】

「ダメなものはダメ！」の繰り返しや説教口調によって相手を圧倒するなどの行為が出る場合があるので、〈威嚇行為の禁止〉を徹底する必要がある。

6 ブレイン・ストーミング

〈ブレイン・ストーミング〉は本書でも何度か触れてきましたが、グループで思い付いたアイディアをできるだけ多く出し合って、発想力を高めようとするＡＬ活動です。

【目的】

①突飛なアイディアや粗野なアイディアも認めながら、集団で自由にアイディアを出し合うことによって、子どもたちの発想を広げる。

②他の人のアイディアに触発されたり、複数のアイディアを融合させたりすることによって、アイディアを考えるための枠組みの広さを実感する。

③〈ＫＪ法〉を用いた情報整理を体験することにより、アイディアの絞り込み方や優先順位の付け方を学ぶ。

④実際に〈アクション・プラン〉をつくってみることにで、アイディアの実現可能性を考えるうえでどのような観点が必要なのかを考える。

【準備】

①模造紙

②付箋紙（76×127㎜）
③マジック（各グループに1セット）

【典型的な流れ】
①ブレイン・ストーミングの意義の理解
②設定の提示
③アイディア出しの個人作業（一人三つ程度）
④ブレイン・ストーミング（グループ間交流を含む）
⑤ＫＪ法による優先順位の決定
⑥グループ・ディスカッションによる検討
⑦アクション・プランの作成

【留意点】

学活でも道徳でも教科の授業でも、年度当初から短い時間で何度も体験させるとより効果が高い。


【使用上の注意】

いかなるアイディアも否定せず、質よりも量を求めるということを徹底する必要がある。

7 ワールド・カフェ

〈ワールド・カフェ〉は、〈メンバーシャッフル〉を内在した交流システムです。視点を広げ深めることによって、〈ブレイクスルー〉を目指そうとするＡＬ活動です。

【目的】

①グループで一つの提案をつくることによって、他者と対話することによって新しい世界観が生まれることを実感する。
②グループを一度解体し他のグループと情報交換し、同一集団の発想をブレイクスルーする体験を踏むことによって、広い情報収集の必要性を実感する。
③それぞれの意見を肯定的に受け止めながら、小集団で交流することによって、話し合いにおける雰囲気の重要性について知る。
④ハーヴェストによる情報の共有化によって、同一テーマに対するものの見方・考え方の多様性を知る。

【準備】

①模造紙

②場合によっては付箋紙（76×127㎜）
③マジック（各グループに1セット）
④養生テープ（机に模造紙を留めるため）

【典型的な流れ】
①問いの提示
②個人の意見のメモ
③問題点の洗い出し（ラウンド1）
④問題点の抽象化（ラウンド2）
⑤問題点を踏まえた提案（ラウンド3）
⑥ハーヴェスト

【留意点】

〈ワールド・カフェ〉を進めるファシリテーターを特に〈カフェ・ホスト〉と呼ぶことが多い。


【使用上の注意】

そのとき、その場に集まった四人だからこその気楽な交流を求める手法であるということを強調したい。

8 ギャラリー・トーク

〈ギャラリー・トーク〉はもともと、ギャラリーで仲間と気軽なおしゃべりをしながら絵を鑑賞することから成立した名称です。したがって、共通して見ることのできる視覚物がある場合に、気軽に取り組むことができるＡＬ活動です。

【目的】

①グループで一つの提案をつくることによって、他者と対話することによって新しい世界観が生まれることを実感する。

②グループを一度解体し他のグループと情報交換し、同一集団の発想をブレイクスルーする体験を踏むことによって、広い情報収集の必要性を実感する。

③それぞれの意見を肯定的に受け止めながら、小集団で交流することによって、話し合いにおける雰囲気の重要性について知る。

④〈ギャラリー・トーク〉と〈ハーヴェスト〉による情報の共有化によって、同一テーマに対するものの見方・考え方の多様性を知る。

【準備】

①模造紙
②場合によっては付箋紙（76×127㎜）
③マジック（各グループに1セット）
④養生テープ（机に模造紙を留めるため）
⑤ストップ・ウォッチ

【典型的な流れ】
①問いの提示
②個人の意見のメモ
③問題点の洗い出し（ラウンド1）
④（場合によってはギャラリー・トーク）
⑤問題点の抽象化（ラウンド2）
⑥ギャラリー・トーク
⑦問題点を踏まえた提案（ラウンド3）
⑧ハーヴェスト

【留意点】【使用上の留意点】
〈ワールド・カフェ〉に同じ。

9 パネル・チャット

〈パネル・チャット〉は固定したグループの交流ではなく、だれがどんな意見をもっているかを見える化したうえで、個人同士で相手を選んで議論するＡＬ活動です。

【目的】

①独善的な見解に閉じこもることを避け、他者と交流したり議論したりすることにより、個人の意見を深めたり広めたりする。

②〈アプローチ・タイム〉において他人の意見を読むとともに、興味を抱いた意見にアクセスすることによって、自らの嗜好を活性する。

③〈フリー・ディスカッション・タイム〉後に再び同一課題で意見をまとめることによって、自らの見解の深化各自有を自覚する。

④同一テーマに対するものの見方・考え方の多様性を知ることで、多様な視点をもつ一助とする。

【準備】

①色画用紙（＝パネル）

②養生テープ（パネルを壁に貼るため）
③付箋紙（76×127㎜／青・黄・赤）
④ストップ・ウォッチ
⑤ワークシート・原稿用紙など

【典型的な流れ】
①課題の提示
②パネル（個人の意見）の作成
③パネルの掲示
④アプローチ・タイム
⑤フリー・ディスカッション・タイム
⑥発展させた意見の論述

【留意点】
〈グループ・ディスカッション〉に慣れてから始めないと機能しづらいので注意が必要である。

【使用上の留意点】
意見の割れない課題では機能しないので注意する。

10 オープン・スペース・テクノロジー

〈ＯＳＴ〉は交流するに有益だと考えられる相手を自分で選択して交流し、あくまで自らの問題意識のみにしたがって議論・交流するというＡＬ活動です。

【目的】

①個々人の興味・関心・課題に則って、交流したいことを交流したい仕方でディスカッションすることによって、当事者意識をもって参加する。
②独善的な見解に閉じこもることを避け、他者と交流したり議論したりすることにより、協同的に提案を作成する。
③個々人の興味・関心・課題に従って他者と交流し、情報を収集することにより、多様な視点から自らの見解を吟味することができる。
④企画提案を具体的にプレゼンテーションすることによって、全体への説得の在り方を学ぶ。

【準備】

①Ａ４判・Ｂ４判・Ａ３判用紙

②模造紙
③養生テープ
④付箋紙（76×127㎜／青・黄・赤）
⑤マジック（太さの異なるもの数種類）

【典型的な流れ】
①課題の提示
②個人の意見のメモ
③個人意見の発表
④グループづくり
⑤グループごとの交流
⑥提案の作成
⑦プレゼンテーション
⑧シェアリング

【留意点】

さまざまなＡＬアイテムを使いこなし、人間関係もできたうえで取り組むべき、ＡＬ活動としては最高峰の手法である。

ＡＬの背景

　ＡＬ授業の必要性は、さまざまな論者がさまざまな立場で提案しています。学習指導要領の理念にも、ＡＬ授業の必要性を旨とするような文言であふれています。

　それらは多くの場合、情報化への対応とか国際化への対応とか、そのための資質・能力の育成であるとか、要するにこの国に再び「経済成長」をもたらすための文脈で語られています。もちろん、そうした面があることは私も否定しません。

　しかし、そこには、私たちが毎日見ている子どもたちの実態がありません。子どもたち一人ひとりが今後、どのように生きていくのか、何

に喜びを感じ、何に悩み続けるのか、そうした眼差しがありません。一斉授業であろうとＡＬ授業であろうと、私たち教師にとっては、それは子どもたちのよりよい将来に資するものでなくては意味がないのです。私たちは子どもたちを、ビジネスにおける動力や組織のコマにしたくて教育活動に取り組んでいるわけではないのですから。

ここでは、私の考えるＡＬの必要性について述べていきます。学校教育を包む時代の要請、今後予測されるこの国の方向性等に鑑みて、ＡＬ授業がもっと頻繁に、機能する形で導入されるべきという「背景」について説明していきます。

ＡＬの背景

1　ＡＬは三つの「機能」をもつ
2　知識・技術の賞味期限が短くなった
3　「対話の能力・技術」が求められるようになった
4　「理想」より「現実」を追求するようになった
5　人口減少が「焦り」を加速している
6　パンデミックによって、更に今後が不透明になった
7　子どもたちは「生涯の仲間」になる可能性が高い
8　「現実的なセーフティネット」をつくる
9　将来のインフォーマルな人間関係を視野に入れる
10　しなやかさと、したたかさと

1 ALは三つの「機能」をもつ

ＡＬ授業を「活動」として捉えてはならない。「機能」として捉えなくてはならない。本書で何度となく、繰り返し述べてきました。子どもたち一人ひとりの〈思考過程〉に目を向けて課題を設定し、子どもたち一人ひとりの〈メタ認知能力〉を高めるために活動を展開させなければならない。そうしなければ、「〈学び〉の機能」は起動しない。そうした趣旨です。

「ＡＬ授業」についてはこのように考えているわけですが、では、「ＡＬ」、即ち「アクティブ・ラーニング」とはいったい何なのでしょうか。

私は著書やセミナーにおいて、次のような言い方をしています。

〈ＡＬ〉は「手法」ではなく、「思想」である。

それも、学習内容の習得や定着はもちろん、対話の能力や技術を高めるとともに、子どもたちの人間関係までをも醸成しようという、いわば「一石三鳥」をねらう思想、それがＡＬであると。

2 知識・技術の賞味期限が短くなった

第一に、「学習内容の習得や定着」の側面です。

最近の子どもたちは〈座学〉に向かないと言われます。ここで言う〈座学〉は旧態依然の〈一斉授業〉を指すと思っていただいて構いません。一斉授業とは、大勢の子どもたちに効率的に知識・技術を伝達するための授業方法のことです。この授業方法がこれまで大きな成果を上げてきました。しかし、一斉授業というものは、全国民が身につけるべき知識・技術が明確に規定されていることを前提としています。国民全員が身につけるべきと国民的コンセンサスを得られるような知識・技術が曖昧となってしまったこの時代において、一斉授業は効力を発揮したくても発揮できなくなるのです。

現在はごくごく簡単に言えば、時代の知識、時代の技術がすぐに古くなり、知識や技術の賞味期限がしごく短くなってしまっている時代です。その時々に必要と思われ、一所懸命に身につけた知識・技術が、十年後にはまったく不要なものになってしまった、そんな経験が皆さんにもあるのではないでしょうか。やっと使いこなせるようになった機材が世の中からなくなってしまった、そんなこともたくさんありました。

そこで知識や技術を身につけることよりも、現実社会で起こるさまざまな問題・課題に対して、新しい技術を開発し、新しい知識を「創造する力」の方が重視されるようになったのです。以前からそう言われ続けてはきたのですが、この発想を教育界が真剣に抱かざるを得ない世の中になったのです。そのことに文部科学省も大学知識人も現場教師もみんな気づき始めたのです。新しい時代の学習思想を本気で模索しなければならないところに追い込まれたわけです。遅きに失したとはいえ、行政が行程表までつくって、「資質・能力」という言葉を借りて本気でALを導入しようとしたのも、おそらくそういうことなのだろうと思います。

学びには「聞く」よりも「見る」方が、「見る」よりも「調べる」「交流する」「議論する」の方が、「調べる」「交流する」「議論する」よりも「体験する」「制作する」の方が長く定着するという原理があることは、各種データの証明するところです。従って実業系の高校や専門学校、大学のように目的のはっきりした学びの場では、これまでもALに近い発想で運営されてきました。

しかし、小中学校は基礎学力を身につける場と認識されてきたので、ALよりは座学、要するに一斉授業の形態が主流だったわけです。しかし、その「基礎学力」という概念そのもの（賞味期限を含む）があやしくなって来ました。ここに義務教育にもALを本格的に導入しようとする根幹的発想があるのだと私は感じています。

3 「対話の能力・技術」が求められるようになった

第二に〈対話〉の能力や技術を身につけることの必要性が高まったことが挙げられるでしょう。

現代は情報化社会と言われます。消費化社会とも言われます。国際化社会とも言われます。高度な情報化や消費化や国際化が人々に浸透することによって産まれるもの、それは端的に言えば人々の〈多様化〉です。多様な人々がともに暮らす社会において、最も必要とされるのは、言うまでもなく〈対話能力〉です。利害の一致しない人々が、お互いの立場に配慮しながら〈対話〉することによって、できれば〈Win-Win〉の落としどころを模索していく……そうした営みがとても大切な時代になってきました。

二十世紀までの日本社会は、「以心伝心」を旨に運営されてきました。二十一世紀になって、〈多様化社会〉によってそれが崩れました。思いの丈や感情、自らの利害をちゃんと言葉にしなければ伝わらないということが増えてきました。お互いの立場に配慮しながら、〈対話〉することの必要性が大きく高まりました。こうした世の中が形成され、〈対話〉の能力や技術を身につけることが必要とされるようになったわけです。そこで、先生の話を一方的に聞くことの多い一斉授業からの決別の発想が生まれたわけです。

4 「理想」より「現実」を追求するようになった

かつての日本は非常に単一民族国家に近く（近かったということであって、決して「単一民族国家」ではありませんでしたが）、大きくは国家の政治から小さくは家族の小さな営みまですべてが以心伝心を旨に運営されてきました。

そうした「以心伝心」の社会では、大切なのは「思いやり」であるとか、「配慮」であるとか、「協調性」であるとかいった抽象的な思想、もっと言うなら〈合い言葉〉をみんなが抱くだけで、少なくとも日本人同士のコミュニケーションであれば機能させることができました。他人を押しのけて現実的な利益を追求したり、何事も損得や利害関係だけで判断することは、「はしたない」とのそしりを受けるのが日本社会でした。

しかし、〈多様化社会〉の本格的な到来によって、お互いの現実的な損得、利害関係に至るまで配慮し合いながら〈対話〉することが強く求められるようになったわけです。

ここにも、ALを本格的に導入しようとする発想が強まる所以があります。

その結果、ALは「理想」よりも「現実」を追う、「抒情的な感受性」よりも「ビジネスライク」な発想を取り入れる、常にメリットとデメリットとを対比・検討しながら議論を進める、そうした傾向を示し始めたのです。

5 人口減少が「焦り」を加速している

二〇一〇年の国立社会保障・人口問題研究所による人口予測は、当時、日本国民を震撼させました。当時から見て五十年後、二〇六〇年の日本の人口が八六〇〇万人、うち三五〇〇万人が六十五歳以上の高齢者になるという推計が示されたのです。現在は総人口が一億二六〇〇万人強、六十五歳以上の高齢者は三六〇〇万人をゆうに超えています。パーセンテージ比較してみると、高齢者は現在の二八パーセントほどから四〇パーセント強まで上昇することになります。この傾向はその後、更に拡大していきます。もっと言うなら、このコロナショックによる出生数減で、更に更に大きくなっていることさえ予測されるのです。二〇六〇年における六十代後半は現在二十代後半の人たちです。現在の若者たちが高齢者となったとき、この国はいったいどうなってしまうんだろう、現時点ではだれも想像がつきません。

ただ一つ確かに言えるのは、いま私たちが接している子どもたちは更に若いわけですから、この比率よりも更に厳しい時代を生きていくのだろうということです。出生率はこの十年間、一・四前後を推移してきました。二〇〇五年に底と言われた一・二六からそれほど上昇しているわけではありません。その後、少し回復しかけた時期もありましたが、そこにコロナ危機が訪れました。いずれにしても、日本の人口が急激に増加していた戦後間もなくの出生率が四・五程度だったことを考えると、その差には愕然とさせられます。

この国の近代には二度の歴史的な経済成長期がありました。一つは、開国後の帝国主義的な成長期。要するに、富国強兵・殖産興業を合い言葉に西洋に追いつき追い越せと一丸となった時期です。もう一つは、言わずと知れた戦後から七〇年代までの高度経済成長期です。しかし、意外と知られていませんが、この二つの時期は、日本の人口が急激に増加した時期でもあるのです。

江戸時代末期の人口は、三千五百万人程度だったと思われます。しかし、昭和初期の人口は八千万人近くなっていました。要するに、開国後の経済成長は、四千万人以上の人口増加とともにあったのです。また、戦後の人口は七千四百万人。それが八〇年代には日本の人口は一億二千万人を超えていましたから、高度経済成長も四千万人以上の人口増加とともにあったのだと言えます。言わずもがなですが、人口が増えると内需が拡大します。経済成長の基盤ができあがります。

しかし、今後四、五十年間は、逆に人口が四千万人減少するのです。しかも、こんなにも急激な人口減少はかつてどの国も経験したことがなく、こうした時期にどんなことが起こるのか、だれにもわかりません。モデルも教科書もないのです。

6 パンデミックによって、更に今後が不透明になった

二〇一五年、日本の外国人観光客が二千万人を超えました。この国の内需を拡大させるためには、外国人観光客をこれからどんどん増やしていかなければ経済的に苦しい。東京オリンピックもそのために開かれるはずでした。現在は大阪万博の計画が具体化してきています。

二千万人しか来ない外国人観光客を、将来的には安定的に五千万人とか八千万人とかにしたい。おそらく国はそう考えていたはずです（実は観光を重要な産業としている世界の国々では、自国の人口以上の、あるいは自国の人口に匹敵するほどの外国人観光客を呼び込んでいる国がたくさんあります。小さな国ばかりではありません。フランスやイギリスがまさにそのような国です）。

しかし、そこに起こった「コロナ・パンデミック」です。二十一世紀になってからの二十年でサーズ、マーズ、コビット19と、三度のパンデミックがあったことを思えば、今後も大きなパンデミックは頻繁に起こり得るでしょう。

パンデミックは、ごく簡単に言えば、人々の「移動の自由」を制限する方向に向かいます。国家が政策として制限しなかったとしても、自ら「移動を抑制する」方向で考える

人々が多く出ます。人口減少に対応する手立てとして考えていた、観光客による内需拡大は今後も不透明と言わざるを得ません。

また、パンデミックは、これまで日本にとって安定的に安く良いものを提供してくれていた東南アジアのサプライチェーンも機能しない状態に陥れました。コロナ感染者が多くて工場が稼働できないとか、物がつくられたとしても運搬できないとかいったことが頻繁に起こるようになったのです。日本は外国人技能実習生によって、安い労働力を確保することによって産業を維持してきましたが、他の先進国が労働力確保のために外国人労働者の賃金を上げる動きが活発化しています。この動きも今後の日本にとっては大きくマイナスに影響するでしょう。

その他にも世界的な物価高、ウクライナ危機、米中対立に伴う台湾有事の可能性と、今後の見通しをもてない情勢が続いています。

こうした中、できるだけ多くの情報を集め、現実的なメリット・デメリットを分析しながら物事を多角的・多面的に検討していくことを旨とする「対話能力や対話技術」は、その必要感を増していくはずです。「ＡＬ」は授業を豊かにするとか、学校教育を豊かにするなどということに止まらず、我が国の政治や経済、世界情勢とも深くつながった思想なのです。

7　子どもたちは「生涯の仲間」になる可能性が高い

皆さんは現在の若者たちが、〈ヤンキー化〉していると主張する論者が最近増えていることを御存知でしょうか。最近の若者は地元志向が高まったと言われています。かつてほど都会に出たいという志向性をもたず、進学先も就職先も地元志向。結婚して新居を構える際にさえ、実家からふた駅程度のところに住むことが多いと言われます。また、高校はもちろん、大学に進学した後にさえ、放課後や休日に一緒に遊ぶ仲間は小中学校の友人、つまり地元の仲間であることが少なくありません。

この傾向が就職しても続きます。それどころかその地元の仲間内でカップルを形成し、結婚しても子どもができても、その地元仲間と一緒にワンボックスカーでドライヴに行ったりバーベキューをしたりする。要するに、二十代になっても三十代になっても、地元の仲間と強い絆で結ばれ続け、それを拠り所として生き続けるわけです。この傾向は学齢期の学力が低ければ低いほど顕著です。これが〈ヤンキー化〉の顕著な特徴の一つです。

これがまず、私たちが子どもたちの「人間関係」を醸成すべき理由の一つです。実は、いま私たちの目の前にいる子どもたちは、一生涯付き合い続ける仲間となる可能性が、かつてと比べて著しく高いのです。

8 「現実的なセーフティネット」をつくる

現代は男性の三人に一人、女性の四人に一人が生涯独身の時代です。また、結婚したカップルの三組にひと組は離婚する時代でもあります。時代の産業は十年を周期に移り変わり、まさに「諸行無常」「盛者必衰」の世の中でもあります。時代のトップ産業が十年後もトップであることはまず考えられません。それどころかその産業が十年後に存在するかどうかさえあやしい時代なのです。事実、新たに起業された企業の寿命は現在、平均三、四年とも言われます。つまり、職を失ったり収入が激減したりということが頻繁にあり得る社会だということです。

一人暮らしの男性がリストラに遭ったり、病気になって職を失ったりする。専業主婦の女性が離婚してなかなか職が見つからない。男女ともに親の介護が必要になって職を辞すという事例も多々見られます。要するに、現代は、いつ貧困に陥るかわからない、貧困リスクの高い社会なのだということができます。しかもこうしたリスクは、哀しいことですが、普通学級にいる「特別な支援を要する子」ほど高くなります。この国は障害者手帳をもつ人に対するセーフティネットにはそれなりに手厚いものがありますが、そうでない人へのそれは決して手厚いとは言えない現実があります。

さて、そうした子が二十代、三十代で心ならずも貧困に陥ったとしましょう。そのとき、その子は、いつも一緒に遊び続けてきた仲間たちを頼るでしょうか。強い絆で結ばれた、子どもの頃からの仲間であるからこそ、自分のことで迷惑をかけたくないと感じてしまうのではないでしょうか。親に迷惑をかけたくないという多くの若者たちと同じように。こうした思考傾向を示すことが我々日本人の大きな特徴なのです。

もちろん、この国にはさまざまな社会的なセーフティネットの制度が用意されています。しかし、その子たちはスマホはいじれても、書類などほとんど書いたことのない子どもたちです。社会的なセーフティネットにどうアクセスすれば良いのかさえ知らない子どもたちなのではないでしょうか。

ＡＬは多くの場合、小集団を基本単位として構想されます。しかも、だれとでも交流し議論できることが目指され、その小集団は頻繁に作り替えられます。要するに、対話する相手が流動化されるわけです。協同学習・ファシリテーション・『学び合い』・構成的グループエンカウンター・ピアサポート・ソーシャルスキルトレーニング・プロジェクトアドベンチャー……、現在提案されているほとんどすべてのＡＬ系学習形態において、対話する相手の流動性が担保されています。成熟したシステムになればなるほど、その傾向は顕著になります（「ジグソー」や「ワールド・カフェ」を思い浮かべてみてください）。こうした学習形態を継続することは、間違いなく子どもたちの人間関係をより豊かに醸成するはずです。要するに、子どもたちを〈つなげる〉はずであり、子どもたちに〈ふれあい〉をもたらすはずなのです。

小学校時代から学校教育によって〈つながり〉を高められた子どもたちは、地元の仲間に貧困に陥った者が出たときに援助しようとするでしょう。金銭的な援助や物理的な援助を言っているのではありません。そういう噂が耳に入った時点で幾人かで相談し、少なくともちょっと訪ねてみようかという話くらいにはなるのではないでしょうか。そしてその友人がほんとうに困っているぞということになれば、社会的なセーフティネットにアクセスする仕方くらいは間違いなく教えるのではないでしょうか。

しかし、一斉授業で効率性と個の自立を旨に育てられた子どもたちは、地元に住むかつての仲間が貧困にあえいでいることにさえ気づかないかもしれません。いいえ、むしろその可能性が高いのです。ALを旨に子どもたちを〈つなげる〉か否かは、実は社会的なセーフティネット、制度としてのセーフティネット以上の、「人情によるセーフティネット」として、より「現実的なセーフティネット」として機能するかもしれないのです。ALが「人間関係の醸成を担う」とはこうした意味においてなのです。もしかしたら、私たちの教育活動の在り方が、子どもたちの生き死にに左右するかもしれないのです。

9 将来のインフォーマルな人間関係を視野に入れる

かつての日本は、フォーマルな人間関係とインフォーマルな人間関係とが一致していました。会社で花見や運動会、慰安旅行が企画され、それにみんなが家族そろって参加していました。会社の上司が見合いを勧めてくれるということも頻繁にありました。もちろんそれがすべてだったわけではありませんし、それがかえって窮屈だった側面があったことも想像に難くありません。しかしこのことは、間違いなく、会社で協力して生産活動を行うフォーマルな人間関係の中に、私的な「愉しみ」や「癒し」さえ内包されている側面があった、ということなのです。

しかし現在、フォーマルな人間関係は「フォーマルな人間関係」のみに閉じられています。休日に行われる職場の行事は皆無になりました。加えてコロナショックが、職場の飲み会さえ遠いものにしてしまいました。

このことが意味するのは、インフォーマルな人間関係のほぼすべてを「自分」の手で構築しなければならない時代になった、ということなのです。つまり、恋人がいないのも友人がいないのも「自己責任」、そういう時代になったのです。とすれば、学校教育の機能は、将来のインフォーマルな人間関係さえ視野に入れる必要が出てきます。

10 しなやかさと、したたかさと

私は本章第一節「ALの目的」において、AL授業がいわゆる「学力形成」の方向性といわゆる「人間関係の醸成」の方向性との二つをもっていると述べました。

私は従来型の学力とは異なる、答えのない課題に対して多角的・多面的に検討しながら臨機応変に問題解決していく学力を、「しなやかな学力」と呼んでいます。また、人とつながったり「ヘルプ」を出したりする力、人間関係を構築し調整していく力を、「したたかな学力」と呼んでいます。そして、この世界を生きていくためには、「しなやかさ」と「したたかさ」の双方が必要なのだ、という言い方をしています。

昨今の急激な時代の変化は、ひと言で言うなら「昭和的安定感の喪失」「戦後的安定感の喪失」と言えます。信じられるものがない、頼れるものがない、でも自分の能力だけでは心許ない、そうしたかつてと比べて圧倒的に安定感を感じられない毎日をだれもが送っています。そこに必要なのは、なんとか自力で問題解決できないかと模索する「しなやかさ」と、失敗したとき、困ったときには遠慮することなくだれかに頼れる「したたかさ」なのではないでしょうか。

AL授業は、この双方をともに身につけるために毎日積み重ねていくのです。

あとがき

行きつけのBARにBILL EVANS TRIOの「Waltz for Debby」のレコードジャケットが飾られている。BARにいるときはいつも家に帰ったらゆっくり聴こうと思うのだが、酔い醒ましに歩いて帰ってくると忘れてしまう。それを繰り返していた。しかし今夜は、シングルモルトを片手に、この文章を綴りながらじっくりと聴いている。

「Waltz for Debby」は一九五六年にBILL EVANSが姪のDebbyにあててつくった曲である。Debbyは当時二歳。いま生きていれば六十八歳だ。おそらく生きているだろう。物心ついたときからこんな世界的名曲が自分の曲として存在しているなんて、いったいどんな人生なんだろう。想像もつかない。きっと素敵な人生なのだろうとは思うけれど、決して素敵さばかりをもたらしたわけではあるまい。そんなことも想像する。

このアルバムは一九六一年、いまからちょうど六十一年前の六月に、ニューヨークのライヴハウスで演奏されたライヴ盤である。実はこのライヴの十一日後にトリオのベーシストが交通事故で亡くなっている。姪っ子への想いと、トリオの盟友スコット・ラファロへの想いと、きっと、BILL EVANSにとって両極に引き裂かれるような、複雑な想いを抱くアルバムになったのだろうなあ……なんてことを想う。想像は尽きない。

そしてこれらはすべて、当然のことながら私の生まれる前の出来事なのである。そんなアルバムを私たちはいま、本来発表されることのなかったボーナストラックで、テイク違いまで聴いているのである。

ちょうど六十一年後の二〇二二年に。この、コロナ禍の中で。

そういえば、昔読んだ柴田翔の小説の中に、主人公が古書店で何気なく一冊の本を手に取り、その作者に思いを巡らすシーンがあった。作者はどんな人物か。なにをきっかけに本を書こうと思ったのか。もしかしたらこれが、この作者が上梓した生涯唯一の本かもしれない。記憶が定かではないが、確かそんなシーンだったと思う。

私のBILL EVANSへの想像も、おそらく同じ質のものだ。過去の人物にシンパシーを感じるとき、人はその過去の時代に「自分」がいたと仮定する。私は六十年前のBILL EVANSとなり、柴田翔は過去にたった一冊だけ作品を上梓した作家となる。もしも自分がその立場だったら、きっとこうなるだろう。人の想像力はその構造を超えない。

人の想像力は、特に他者に対する想像力は、現段階での自分の考え得る精神構造の在り方を限界としてもつ。その限界線とでも言うべきものの外に想像が及ぶことは、原理的に不可能である。その意味で、他者の精神を想像するということはあくまで「私の中の他者」であって、「私の中の他者」は決して「私」が想像し得る「他者像」を超えることがない。何を当たり前のことをと、読者は訝《いぶか》しがるかもしれないが、人はこのことをときに忘れがちになる。

学校教育において、教師にとって子どもは「他者」である。これまで述べて来たのと同様、「他者」は「私の中の他者」としてしか自らの中に現出しない。なのに多くの教師は子どもを「わかる」と言う。「わかる」と思っている。その所以は、自分がその年頃にこうだったから……という理由だ。しかし、それはあくまで「かつての自分」であって、決して「他者」ではない。そのことをほとんどの教師が理解していない。

子どもは「他者」である。保護者も「他者」である。なのに教師がそれを理解しない。かくして、子どもの心は教師から離れていく。保護者はときに、教師から見ればとんでもないクレーム、予想外の、考えたこともない、世界観の外にあるクレームを投げつけてくる。教師はまるで、突然の災難、天災に見舞われたかのような心持ちに陥る。しかしそうではない。その要因は、教師が子どもや保護者を「他者」であると認識し、「他者」に接しているつもりで対応しなかったことを要因としているのである。

いまこの原稿を書きながら、三十年熟成、二〇一〇年代前半ボトリングのシングルモルトのグラスを傾けている。二〇一〇年代前半のボトリング、三十年熟成と言えば、原酒が樽詰めされたのは一九八〇年代前半ということになる。この酒にヴァッティングされた原酒を蒸留し樽詰めした職人は同じ人物だろうか。それとも複数の、名も知らぬ職人たちが樽詰めしたのだろうか。私には調べようもない。

しかし、普通に考えて、いくら同じ蒸留所とはいえ、樽詰めした人物が一人というのは考えにくいだろう。とすれば、この一杯の元となった原酒を樽に詰めた職人のうちの幾人かは、既に鬼籍に入っているかもしれない。その人たちはいったい、どんな思いを抱いてこの酒を樽に詰めたのだろうか。私には知りようもない。ただ、私ならこんなことを考えるかもしれないと、「私の中の他者」の在り方を想像するのみである。それ以上でも、以下でもない。

札幌に朝川繁樹というジャズ・ピアニストが住んでいる。大学卒業後、八〇年代半ばに渡米したというので、私よりは少し年上だろうと思う。BILL EVANS TRIO のレコードジャケットが飾られているのと同じBARに月に数度、ピアノを演奏しに来る。私は朝川さんのピアノが好きで、都合が合うときは聴きに行くことにしている。友人に勧めてもいる。家でも原稿を書きながら、朝川繁樹トリオのCDを流していることも少なくない。お気に入りは「Love theme From Spartacus」だ。

ある日、朝川さんの演奏を聴きながらアイラのモルトを傾けていると、聴き慣れたメロディが流れ始めた。あれ？　アルバムにこんな曲収録されてたかな……。たぶん戸惑っていたのは数秒のことだったと思う。なんだ、「Waltz for Debby」じゃないか。そりゃそうだ。朝川さんはニューヨークにいた時代もある。BILL EVANSを弾かないわけがない。

朝川さんの「Waltz for Debby」を聴きながら、朝川さんとBILL EVANSの出会いを想像してみる。BILL EVANSは一九八〇年に亡くなっているから、きっと会ったことはないんじゃないかな。きっとピアノを弾く朝川さんには、同じ曲でも聞こえ方が違うんだろうな。朝川さんにはBILL EVANSの「Waltz for Debby」がどんな風に聞こえるんだろう。ピアノの弾けない私が聴くのと一番の違いは何だろう。そんなことを思う。

朝川さんの「Waltz for Debby」はしっとりしていた。その日はピアノソロで、ドラムとベースがないわけだから、トリオの軽快さよりはピアノのしっとりが目立ったということはあるだろう。でも、それだけではない、その日の朝川さんのピアノには、どこか遠くから、しかも背後から包み込んでくるようなしっとり感があった。それは朝川さんのこの曲にたいする解釈がもたらしたものなのかもしれないし、朝川さんのタッチがもたらしたものなのかもしれないし、私にはわからない。ただ朝川さんが、私が抱いていた「Waltz for Debby」に対する固定観念をいい意味で壊してくれたことは確かなのだ。そういえば「Love theme From Spartacus」もそうだった。

人の他者認識は確かに、「私の中の他者」を超えない。しかし、第三者が「私の中の他者」を広げてくれることは大いにあり得る。朝川さんは「私の中のBILL EVANS」を広げてくれたし、私は朝川さんのピアノを更に興味深く聴くようになった。ピアノを聴く時間が豊かになったし、BARにいる時間も豊かになった。少し大袈裟に言うなら、これは僕の人生の、少なくとも一部が豊かになったことを意味するはずだ。

たぶん「AL」とはそういう営みなのだと思う。他者を認識することは確かに「私の中の他者」に閉じられている。その意味で他者を自己の世界観の範疇を超えて理解することはできない。しかし、他者による刺激が介在することで自分自身の世界観が広がることはあり得る。そしてその世界観の広がりが「私の中の他者」の広がりをもたらすのだ。

ただ一つ言えることは、世界観の広がりはそれを求める人にしか訪れないということである。私たちは子どもたちを世界観の広がりを求めることに導かねばならない。

今回も編集の及川誠さんと校正の杉浦佐和子さん、吉田茜さんに大変お世話になった。深謝したい。

Harvest Time／朝川繁樹トリオを聴きながら……

二〇二二年十二月　自宅書斎にて　堀　裕嗣

【著者紹介】

堀　裕嗣（ほり　ひろつぐ）

1966年北海道湧別町生まれ。北海道教育大学札幌校・岩見沢校修士課程国語教育専修修了。1991年札幌市中学校教員として採用。1992年「研究集団ことのは」設立。

［主な著書］

『教室ファシリテーション　10のアイテム・100のステップ―授業への参加意欲が劇的に高まる110のメソッド』（学事出版，2012年）

『よくわかる学校現場の教育心理学　AL時代を切り拓く10講』（明治図書，2017年）

『アクティブ・ラーニングの条件―しなやかな学力，したたかな学力』（小学館，2019年）

〔本文イラスト〕木村美穂

個別最適な学びを実現する

ＡＬ授業10の原理・100の原則

2023年2月初版第1刷刊　©著　者　堀　裕　嗣

発行者　藤　原　光　政

発行所　明治図書出版株式会社

http://www.meijitosho.co.jp

（企画）及川　誠（校正）杉浦佐和子・吉田　茜

〒114-0023　東京都北区滝野川7-46-1

振替00160-5-151318　電話03(5907)6703

ご注文窓口　電話03(5907)6668

＊検印省略　組版所　株式会社アイデスク

Printed in Japan　ISBN978-4-18-293910-5

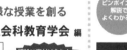

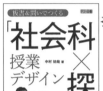

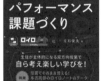

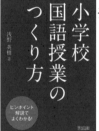